U0501125

Persons and Things

from the body's point of view

人 与 物

从身体的视点出发

［意］罗伯托·埃斯波西托

著

邰蓓

译

长江出版传媒 长江文艺出版社

图书在版编目（CIP）数据

人与物：从身体的视点出发 / (意)罗伯托·埃斯
波西托著；邰蓓译. -- 武汉：长江文艺出版社，
2022.1(2024.4 重印)
（人文科学译丛）
ISBN 978-7-5702-2059-5

Ⅰ. ①人… Ⅱ. ①罗… ②邰… Ⅲ. ①哲学—研究
Ⅳ. ①B

中国版本图书馆 CIP 数据核字 (2021) 第 063006 号

PERSONS AND THINGS: FROM THE BODY'S POINT OF VIEW
(ITALIAN TITLE: LE PERSONE E LE COSE)
by ROBERTO ESPOSITO, TRANSLATED BY ZAKIYA HANAFI
Copyright: © 2015 BY ROBERTO ESPOSITO
This edition arranged with POLITY PRESS
through Big Apple Agency, Inc., Labuan, Malaysia.
Simplified Chinese edition copyright:
2022
Changjiang Literature and Art Publishing House
All rights reserved.

人与物：从身体的视点出发
REN YU WU: CONG SHENTI DE SHIDIAN CHUFA

策划：阳继波　康志刚
责任编辑：陈欣然　向欣立　　　　　责任校对：毛季慧
设计制作：天行健设计　　　　　　　责任印制：邱　莉　王光兴

出版：长江出版传媒　长江文艺出版社
地址：武汉市雄楚大街 268 号　　　　邮编：430070
发行：长江文艺出版社
http://www.cjlap.com
印刷：武汉市籍缘印刷厂

开本：787 毫米×1092 毫米　　　1/32　　印张：4.5　　插页：1 页
版次：2022 年 1 月第 1 版　　　　2024 年 4 月第 3 次印刷
字数：78 千字

定价：38.00 元

译　序

　　相较阿甘本而言，当代意大利思想家罗伯托·埃斯波西托（Roberto Esposito, 1950—）对大多数国内读者来说可能比较陌生。说来惭愧，作为译者，我其实对埃斯波西托的了解也并无甚多。最初知道这个名字是在汪民安老师主编的《生产》第 7 辑（2011）中的"人物"专栏，里面收录了埃斯波西托"免疫"概念和"生命政治"方面的译文及一则埃斯波西托的访谈录。几年后，知网上陆续能读到寥寥数篇国内学者对埃斯波西托的研究论文。而在全球抗疫的当下，埃斯波西托的免疫、共同体、生命政治等理论也与现实发生着激烈碰撞。

　　遗憾的是，埃斯波西托的著作中译本甚少。他的几部重要著作（如《共通体》《免疫》《生命》等）国内尚无译本。目前，只有其早期著作《非政治的范畴》（张凯译）一种。本书《人与物》是埃斯波西托 2014 年的著作，由于语言的限制，本人的翻译依照的是该书 2015 年的英译本。在这里非常感谢汪民安老师对我的信任，将这本书的翻译任务交给我。翻译过程中，每每碰到困难，举笔不定时，汪老师的信任就是一种鼓励，让我坚持到最后。

《人与物》不算是鸿篇巨著，即便如此，阅读和翻译这本书，依然能够让我沉浸于从古罗马到现代社会的思想长河，并在其中与诸多思想大师相遇。虽跨越漫长历史，埃斯波西托没有洋洋洒洒絮论，而是独到而精练地剖析了人与物的概念如何各自建立、彼此区分、实则又无法分离的吊诡。本书的脉络非常清晰——重新审视并解构传统人与物的二元坐标，从身体视角缝合人与物的关系，找寻当下及未来新生命政治的可能。

埃斯波西托首先解构的是"人"这个概念的虚妄之处。所谓的 persona，无论是意指古希腊词源中的"戏剧面具"，或是指涉古罗马的法律身份，都未能表达真正所指——人（human being）。人，从一开始就受到人格装置（the dispositif of the person）的塑造，并一直受困于其中。古罗马法以人对物的所有权将人"人格化"，同时也因为人对物所有权的丧失而产生出人的"去人格化"，从而将人减等为物（如奴隶、子女、妇女等）。基督教神学中的人格装置则将人分割为精神的和肉体的，后者要服从前者。中世纪政治神学中的人格装置将国王的身体分为"自然身体"和"政治身体"，即便两者合二为一，也内含与其自身不一致的他性。

现代哲学中的人格装置依然将人困在其中。洛克赋予人格"道德主体"的称谓，人既是道德主体又是自身的审判对象。康德将人分为"本体的人"和"现象的人"，后者要服从前者。当代自由主义生命伦理学（代表人物有恩格尔哈特、彼得·辛格等）接续着自古罗马起的人格装置，将人界定为健康、具有意识、能作出自我决定的理性主体，从而将婴儿、临终老人和严重智障者等排除在外。"人格装置"如同幽灵，反复飘荡在西方法律、政治、神学、哲学的历史之中，将人与物进行区分，也将人自身分割为"人"的部分或"物"的部分。吊诡的是，恰恰是这种二元的区分，造成部分人或人的某个部分向物滑动。就如同"理性动物"这个古老界定中暗含的人与物相互滑动的可能性——可上升至高等的人性，亦可下降至低等的物性。人与物的概念实则交叉重叠，不可分离。

拆解"人（格）"概念之后，埃斯波西托接着转向"物"。他追溯到"物（res）"的拉丁语和希腊语词源，意为"谈及某物"或"处理某个问题"。虽然"物"最初的语义与讨论相关，然而，自柏拉图起，物被囚于形而上学的理念之中，成为某种超越的存在，与其自身实体发生分离。在中世纪神学架构中，物从存在滑向虚无。阿奎那认为，一切物和上帝相比，皆为无。现代哲学从笛卡尔开始将物转变为依附于主体的客体。在康德那里，物被分裂为现象的物和本体的物，现象的物也依赖于主体的构想。与形而上学将物虚化的机制相仿，古罗马法为了诉讼的需求，也必须将人与物之间的具体关系置于抽象、普遍的体系之中。因此，罗马法中的物（res）有双重意义：既是客观具体的诉讼之物，也是抽象的诉讼程序本身。同样，语言要言说物，就必须否定物的在场，将之移至非实体的符号空间中。这就是福柯所说的词与物的断裂，词无法通达物之生命。在现代商品世界中，正如马克思所揭示的，物抽象为普遍的交换价值，丧失其独特属性。而物的交换关系也内含着人的物化问题。当代社会，物的无限生产和增殖造成物的新转变：物成为彼此的拟像，也成为自身的拟像。真实的物湮灭于自身的幻象之中。

至此，埃斯波西托已给我们分析出"人"与"物"概念的错误之处，呈现出它们与活生生的人和物之间的鸿沟。那么如何重新打开人与物，如何解放及弥合人与物？埃斯波西托的答案是通过身体。在以往二元区分的框架之中，身体一直被排除在人与物的范畴之外，身体也一直摇摆于人与物之间。但是，埃斯波西托也找到另一条不同于传统形而上学的路径：从斯宾诺莎、尼采，再到梅洛-庞蒂、西蒙东、拉图尔等等。身体，与心灵、自然、世间万物，甚至与他人的身体都连接在一起。因为身体的连接，人是物的一部分，物亦是人的一部分；因为身体的跳动，物也在跳动，成为生命。不仅我们的生物身体可以跨越个体的归属，成为人类的共享，而且我们的政治身体也终将汇聚为一个集体的、非个人的政治主体。诸众（multitude）的和声将呼唤新的生命政治形态——这也是埃斯波西托的呼唤。

最后，感谢阅读这本书的读者。我知道是埃斯波西托思想的魅力让你们打开这本书。希望不要因为我可能存在的翻译错误让你们对原作者产生误解，同时也恳请读者专家们批评指正。

邰　蓓

2021 年 11 月 28 日晚

导　言

　　如果人类经验最初就有建立的基础，那么这个基础就是人与物的区分。物是人的对立面，因此我们不是物——这一信念在我们的感知和良知中根深蒂固，胜过其他一切信念。尽管这个观念对于我们来说似乎再自然不过，但是它其实是长期规训的结果。这个规训过程贯穿和塑造着古代与现代历史。古罗马时期的法学家盖尤斯（Gaius）在他的《法学阶梯》（*Institutes*）中，明确区分出人与物这两个范畴，并把它们与诉讼行为一道设定为法律议题。实际上，人/物之分是当时的人们早已普遍接受的准则，盖尤斯所做的不过是赋予此准则法律价值。自古罗马时期开始，到现代社会的各种法典，人与物的区分一再重现，成为奠定其他一切思想（不仅法律，还有哲学、经济、政治、伦理等）的隐含基础。这条分水岭划开了世界，把生命分割在相互对立的两个界域——要么在人的这边，要么在物的那边，此二者中间没有任何连接部分。

　　然而，人类学研究却告诉我们有不同的情况：有这样的社会，人与物是同一世界的一部分，他们相互依赖，相得益彰。在那里，人（humans）尚未受到人格装置（the dispositif of the person）的塑造，物也远不只是人们所拥有的工具或物品之类的私有财产，而更像是一层纱网，人们通过这层纱网相互发生关系。这样的社会不同于后来的社会。后来的社会生活被分割成了宗教、经济、法律等不同语言。而在人类学研究的这些社会里，人们在实践中相互连接，把物视为活生生的生命，认为物有影响人们命运的力量，值得人们特别的关爱。要想理解这样的社会，我们不能只从人的角度思考，也不能只从物的角度思考；我们需要从身体的角度来考量。这样的地方充满着情感，物与人水乳交融，物成为人的某种存在象征，成为人的物质延伸。要想象这是怎样的一种情形，你可以想想某些艺术作品，或者某些技术产品，想想它们对于今天的我们意味着什么。这些物品似乎自身具有生命，在某种意义上它们可以和我们相通。

古代社会与当代经验的平行本身就证明一切都不会消失，都会在历史中留下痕迹，只不过它们会以不同的形态再次出现。同时，这也表明这样一个事实：现代社会虽然汇聚传承了希腊哲学、古罗马法和基督教思想，却并未穷尽无限可能性。人的世界与物的世界长期对立，它们的二分模式现已日渐衰微，裂隙行将出现。随着知识进步，技术物（technological objects）更加服务于人，可是，它们越是体现出某种主体生命，我们就越无法压榨它们、奴役它们。与此同时，人类个体也不再是那个曾经的单子。如今通过生物技术，人的体内会驻留来自他人身体的物质，甚或是无机材料。因此，人的身体已成为流动的通道，或者精致的操作系统，通过它发生的连接越来越无法简化为二元逻辑。

长期以来，人类经验被压制（而且压制还会继续）在幽闭的二元关系之中。在从身体的视角探寻出看待人与物的不同路径之前，我们还必须重新勾勒出这个二元坐标。如此做的原因是，身体恰恰是被排斥在这个二元坐标之外的。当然，实践领域内没有发生这种排斥——践行总是身体在行动；权力领域内也没有发生这种排斥——衡量权力要看它有多大力量能够控制身体的生产。然而，在知识领域内（尤其在法律和哲学领域），身体是被排斥的——知识旨在消除身体的特异性。身体既不属于人的范畴，也不属于物的范畴。长期以来，身体摇摆于二者之间，找不到自身稳定的位置。无论在古罗马的法律概念中，还是在基督教神学思想中，人从未与他的肉身——也即活生生的身体——同延共存。同样，在西方古代和现代哲学传统中，物也在某种程度上被"去肉体化"（decorporealized），消散于理念或词语之中。上述两种情形中，人与物的基本区分一再出现，因肉体不同而彼此分离。

就"人"而言，自其希腊术语的源头之处，就显露出"人"与活生生的身体分离的断裂。正如面具从来不会与它所覆盖的那张脸完全黏合，法律概念的"人"也不会与其所指的人的身体吻合。古罗马法中"人（格）"（*persona*）①就不是真正如其所指——人（human being），而是指个人的社会角色。基督教中的"人"则存在于精神内核之中，无法复原到身体维度。尽管"人格装置"有以上诸多内在变形，但显然它从未将自己从最初的断裂中解救出来。古罗马法最先造成人的这种断裂：通过人格减等——从家父的身份到奴隶的物化身份——人被分割。基督教也造成同样的身体与灵魂的断裂。现代哲学中的断裂则是精神实体（*res cogitans*）与广延之物（*res extensa*）的区分。在上述所有情形中，生命（*bios*）被各种方式分割到两个价值相异的界域，尊卑有别。

如此做的后果就是造成相互对立而依存的"人格化"（personalization）和"人格丧失"（depersonalization）的局面，而且不同时期有不同的翻新。比如古罗马时期，"人格"指那些不仅支配物，还支配他人的人，而那些被支配的人则沦落为物。这种情况不仅适用于奴隶，而且不同程度上也适用于所有他权人（*alieni iuris*，即从属于他人，非自身主

---

① "person"这个词既指"人"，也指"人格"。"人格"是人在社会或法律中的角色。本书在翻译中，基本将该词译作"人"，而对于法律甚或宗教中的 person，本文会视情况译作"人（格）"或者直接就用"人格"。——中译者注

人）的个体。①现代哲学到康德那里，甚或之后，这种支配关系再次得到复制，表现为主体身份分解为两个失衡的内核——其中一方遵循着自身固有的判断，注定统治另一方。不足为奇，在这种思想中，人被当成理性和动物性的混合体，只有能够控制体内的动物性才能称得上是"人"。动物性与身体一样，都天生地屈从于本能和情欲，因此也被祛除在人的本质之外。然而，这被祛除之"物"，因其处在人与物二项对立的外部，反倒能促成人与物对立双方的相互转变。实际上，整个人类如何可能将他人降到物的地位的呢？——除非他们使得后者的身体完全屈从他们的意愿。

以上只是本书系谱重构中的第一条路径。本书研究还会沿着相反路径展开，并以此作为第一路径的补充。两条路径相互交叉，并互为对应。与上文人的"去人格化"过程相对应的就是物的"去现实化"（derealization）过程。本书的理论主旨就是既要建立连接人与物的纽带，同时也让这两个范畴瓦解。要理解此点的意义，我们就不能忽视统一和分裂之间那充满悖论的交叉：一个作为发生地，另一个则在此发

---

① 盖尤斯在《法学阶梯》中区分了"自权人"和"他权人"。"自权人"拥有自己的权力，而"他权人"则从属于他人。"他权人"又包括从属于支配权的人（奴隶、子女）、从属于夫权的人（妇女）和从属于财产权的人（可以被买卖的奴隶、夫权下的妇女、尊亲属支配权下的子女）。——中译者注

生。尽管人与物互为相反，但是二者却有着共同之处——同样的裂隙让他们断裂。在我们已有的知识基础上，那种从"人"那里穿过的裂隙，同样发生在"物"之上。这个裂隙使得物逐渐失去其本来的物质性。先是法律从所有权关系来看待物，之后形而上学如法炮制，通过将物质抽象化的方式，剥除了物的肉身。物，一旦如柏拉图所为，根植于超验理念，或者如亚里士多德所为，嵌入内在基质，就会与自身分离。在这两种情形中，不管本质是外在于物自身，还是内在于物自身，物都悬置在这超越自身的本质之外，而不是与自身的独特存在相吻合。黑格尔的辩证思域，虽与以上不同，也只不过肯定了物的否定之否定。海德格尔称为虚无主义的"存在"与"虚无"（意大利语为"ente"与"ni-en-te"），隐示着现代哲学将"物"降为"客体"的后果。

语言在命名物的时候也造成类似的剥离。语言通过将物转换为词语，把物从现实中抽离，使物成为纯粹的符号。玫瑰之名不仅不能与真实的玫瑰相吻合，它甚而消除了具体花朵的特异性，使之成为一个普遍能指。语言对物的剥离，不仅显示出福柯所看到的现代之初词与物的断裂，更显示出人类语言所固有的否定方式。语言只能通过否定物的真实存在而"言说"物。通过这种方式，语言将物转移到非物质平面。如果我们顺着罗盘的指针旋转，从语言学转到经济学，我们会发现类似的处理方式随处都在。物降为商品，降为消费品，进而降为废弃品，这种方式同样会造成物的断裂。生产所具有的潜在无限性，使得物可以被无限繁殖，由此，物丧失了自身的特异性——此物等同于无数他物。物，一旦被列入可相互替换的物体队列，就要做好随时会被相同类项取代的准备。当它不再被需要的时候，就会遭到摧毁。自本雅明起，有思想家视技术复制为物从传统光晕下的解放，即便是这些思想家也无法掩盖物的复制给拥有它的人带来的迷失感。

接下来我想阐述我的看法：要解开人与物之间的形而上学之结，唯一的办法就是通过身体的途径。人的身体既不等同于人，也不等同于物，因此身体打开了一个新的视角，可以跳出人与物投射到对方之上的断裂。我之前谈到过没有商品交换性质的古代社会，可是这样的社会已然一去不复返，本书不会停留在那里。就权力或知识而言，我们无法脱离现时代，无法重回过去。纵然有平行线出现，那也是一条迥异的思想之径，它沿着不同于现行的笛卡尔-康德之路，蜿蜒穿过现代性。这条小径上有斯宾诺莎、维柯和孤独的尼采。他们的思想皆远离笛卡尔式的精神实体和广延之物的二分之路，皆与身体有关——要让身体成为个体经验与集体经验结合的唯一处所。

曾经，盖尤斯的区分令人与物之间的关系破碎不堪，而今，身体视角重新建立人与物之间的联系。不仅如此，物在现代时期经历了从物（res）到客体（obiectum）的历程，最终自身被掏空，而身体则可以重新逆转这样的历程。20世纪的哲学当中，从身体的角度重新阐释人与物关系的哲学是现象学，特别是法国现象学。对于现象学思想家们来说，人的身体有双重功能。第一，身体可以填补由人格装置所造成的逻各斯（logos）与生命（bios）分离的鸿沟；第二，身体能够恢复可相互替换客体作为物的特异性。从这个角度来看，当物与身体联系在一起时，物本身似乎就获得一颗心脏。随着心脏的跳动，物回到我们生命的中心。当我们把物从它们一连串的命运中解救出来，重新把它们当作象征之所，我们会认识到我们是物的一部分，如同物是我们的一部分。如今，生物移植技术可以把他人身体中的某些部分，甚至具有机器身体形态的物，植入个体体内。生物移植技术代表着一种革新，席卷人的专属界域。这种人类技术不同于那些对往昔的缅怀，它是一种能改变我们自身的能力。对于我们这种一直以来就是天生的技术动物来说，我们不要把它当作只是可能的冒险，而应该把它视为至关重要的资源。

此外，鉴于身体的多重意义，人的身体还负有政治功能——这已经变成身体最主要的功能了。当然，一直以来，无论是个体身体，还是整个人类身体，政治和它们都有着特殊的关系。身体曾经穿过层层范畴滤网和种种体制中介，现在却受到新政治的直接侵染。生物生命不再是一个简单的不受关注的存在，而越来越成为权力的主体和对象。对于这个重要的转变，福柯率先把它称为"生命政治"，该词暗示出身体的重要作用。现代时期，个体曾局囿在"法律主体"

的概念形式中，如今，个体开始趋向与他/她的身体维度吻合。同样，整个人类也史无前例地与肉体联系起来——包括涉及生物生命各个方面的需求、要求、欲望等。因此，身体越发成为各方（伦理、法律、神学等）相争的关键利益所在，因而也成为政治冲突的中心。身体成为新的中心，会导致不同的、甚至相反的后果——如排斥或包容。在种族层面上，身体曾是被排斥的客体，遭到极端的种族灭绝；在集体层面，身体能成为某个民族或不同民族政治重构的代理。

　　"人民"这个概念也像许多基本的政治概念一样，本身就带着两重性，这也使得这个概念同其自身断裂。一方面，人民指全体公民，形式上等同于整个民族；另一方面，自古希腊的 *demos*（民众）开始，人民也尤指其自身中的一部分——平民，或者严格说来，庶民。和人格装置相仿，人民自身中也包含着既排斥又孤立的部分。有人会说，西方历史很大一部分就是围绕着这种不断更迭的排斥展开的，排斥既连接同时又分裂着"人民"当中的"两种"人民。从"国王的两个身体"这个古老比喻开始，头与身体、国王与人民、主权与代表之间的裂隙一直就可以在身体政治中看到。裂隙保证了身体政治的运作。在当代生命政治中，随着身体进入各个不容忽视的政治力场中，这种裂隙更加明显。当下的公共空间与私人空间前所未有地交叉重叠，作为领袖的那个人再也无法与他/她不停展演的身体分离。这种情形就像今天不可避免的景观社会，或者像过去的集权领袖那样。

生命政治将人纳入进来，与此对应，政治坐标系中的另一端则是集体的、非个人的身体。这个身体由男人和女人的群体构成，可当它呈现出来的时候，人们却不认得自身。这些政治主体的具体构成会依情形和境况的不同而不同。如今，全球各地的公共广场上再次涌现各种抗议运动，我们从中看到，一种超越传统和现代的民主机制正广为传播，势不可当。这样的大众群体中有某种东西（当然会有不同类型），某种由汇集到一起的身体所迸发出的合音，它甚至先于人们的政治诉求。这些具有特质的身体不可简化为空洞的人，它们代表着人民中的两个部分不再相互排斥，而是重归统一。总之，这些事件号召着我们去打破政治-神学机器，因为很久以来，政治-神学机器迫使弱者屈服，并用这种方式一统世界。我们的行动将会回应到什么程度，还将拭目以待。但是，有一点可以肯定：思想观念不发生深刻转变，当前的政治形态不会有真正改变。

目 录 | CONTENTS

第一章　人

占有

从古至今，我们的文明建立在人与物明确区分的基础之上。人首先是基于"人不是物"这个事实得以界定，物也基于"物不是人"这个事实得以界定。人与物之间，似乎别无他物，既无词语之声，也无身体之动。世界本身似乎只是个天然断层，越过它，人获得物，或者，失去物。自盖尤斯的《法学阶梯》开始，罗马法对人、物、诉讼三者做出区分，并以此作为法律体系的基石。[①]诚然，《法学阶梯》不能涵盖所有罗马法律思想，但是它对整个现代体系的影响至

---

① 盖尤斯：《法学阶梯》，第一编，8："我们所使用的一切法，或者涉及人，或者涉及物，或者涉及诉讼。"（*The Institutes of Gaius. Parts One and Two*, ed. Francis De Zulueta, 2 vols. Clarendon Press, Oxford 1946. http://faculty. cua. edu/pennington/law508/roman law/GaiusInstitutesEnglish. htm.）（此注释中译文参见：盖尤斯，《法学阶梯》，黄风译，北京：中国政法大学出版社，1996年，第4页。——中译者注）

关重要。其影响范围之广、时间之久，为其他构想所望尘莫及。整个人类经验从此被一条界线截断，再无其他可能。物是非人（non-person），人是非物（non-thing）——这个简单明确的区分是法律处理对象的依据：如果不是诉讼，就要么是人，要么是物。

物的角色是服务于人，或者至少是归属于人，就此而言，人与物的关系是一种工具支配关系。物归属于人，因此，任何占有物的人就享有人的地位，可以对物行使支配权。当然，有些物，我们是无法支配的，相反，那些物比我们还强大，我们在某种程度上反而要受它们控制，比如一些自然力量——山峰、海浪、地震等等。可是，大多数物还是会被当作"从不说话的奴隶"①，为人服务。它们简直就是仆人的替代。亚里士多德曾引用《伊利亚特》中著名的诗句说道："如果每个工具都能按照指令自行工作……工匠师傅就不需要用学徒，主人就不需要用奴隶。"②我们需要物。没有它们，我们就会被剥夺生存需要的一切，进而失去生

① 博尔赫斯：《物》，选自《诗歌选集》（Jorge Luis Borges, "Things", in *Selected Poems*, ed. Alexander Coleman, Penguin Books, New York/London 2000, p. 277.）。

② 亚里士多德：《政治学》（Aristotle, *Politics* I, 4, 1253b—1254a. *Aristotle in 23 Volumes*, vol. 21, trans. H. Rackham, Harvard University Press, Cambridge, MA, William Heinemann Ltd., London 1944.）。

命。正因为如此，我们占有的物又称为"goods"（物品）①，它构成的总体我们今天还称之为"patrimony"（财产）——来源于 pater（父亲）这个词源。② 我们应当好好思考一下这个问题："善"（good）这个概念刚好与我们占有的物（goods）的概念一致。"善"不是什么真实实体，也不是一种存在方式，而是我们占有的东西。③这证明长期以来在我们的文化中，"占有"绝对比"存在"还重要。物首先及最主要的不是其所是，而是某人占有之物。物之归属意味着他人无权宣称拥有。尽管物为人类共有，但是它们总是终结于所有者之手。所有者可以任意处置他们的物品，使用他们的物品，甚至只要他们乐意，还可以毁坏他们的物品。物的命运掌握在任何占有它的人手中。

上面那句话的后半句要逐字从字面琢磨。手抓握东西，

---

① "goods"意为"物品""货物"等，而"good"的意思为"好的""善的"。此处用"goods"，是要指出"物品"一词和"good"之间的联系。——中译者注

② "patrimony"指"财产""遗产"，尤其指父亲死后留下的财物，所以，该词和 pater（父亲）有关。——中译者注

③ 有关这个问题的不同见解，可参见埃马努埃莱·科西亚：《物中之善》（Emanuele Coccia, *Il bene nelle cose*, il Mulino, Bologna 2014），及玛丽·道格拉斯和巴伦·伊舍伍德：《物品世界》（Mary Douglas and Baron C. Isherwood, *The World of Goods*, Routledge, New York 1996.）。

这是人类区别于其他物种的重要特征之一。埃利亚斯·卡内蒂①观察到:"在许多动物那里,不是用爪和手,而是用武装起来的嘴执行抓捕任务。而在人那里,再也没有松开过的手变成了权力的象征。"②手能做手工制品,能按手印承诺,手赋予世界人类文明,当我们这样来谈论手这个器官的时候,我们就很容易忽视手的一个更古老的行为,即赤裸裸的占有。物首先归属于任何攫取到它的人。"在手"(on hand)意味着,先于可能的存在,处于占有者的支配之中。在古罗马法庭,诉讼当事人要想提出对发生争议物品的所有权,就得当着法官的面,将手放在该物之上。*Conserere Manum*——"将双手放在有争议的物品之上"——是一个与"抓紧"密

---

① 埃利亚斯·卡内蒂(Elias Canetti):1905—1994,英籍犹太人作家、评论家、社会学家和剧作家,于1981年获得诺贝尔文学奖。埃利亚斯·卡内蒂主要以德语写作,其主要作品有《迷惘》等。——中译者注

② 埃利亚斯·卡内蒂:《群众与权力》(Elias Canetti, *Crowds and Power*, trans. Carol Stewart, Continuum, New York 1978, p. 204)。(此处引用部分参见埃利亚斯·卡内蒂:《群众与权力》,冯文光、刘敏、张毅等译,北京:中央编译出版社,2003年,第144页。——中译者注)

切相关的动作。①声称是物品所有者的那个人,要完成诉讼请求程序,就要拿一根小枝条(羊茅)触碰该物品,同时口中还要庄严地宣告:"我声明,根据罗马法,这件物品归我所有。"②物作为财产的一面甚至盖过了物本身。从本质上规定物的不是物是什么,而是这样的事实:物确凿无疑地归属于某个人而非其他人。

这种司法行为甚至还可以追溯到更为古老的仪式,它和宣战有关,最初盛行于原始时代的拉齐奥地区(Lazio Region)。③李维④告诉我们,宣战之前,对方会被要求归还非

---

① 有关古罗马法中关于物(res)的概论,参见马里奥·布列塔尼《罗马法之基础:物与自然》(Mario Bretone, *I fondamenti del diritto romano. Le cose e la natura*, Laterza, Rome – Bari 2001, especially pp. 46ff.)。

② 盖尤斯:《法学阶梯》(Gaius, *Institutions*, IV, 16)。

③ 拉齐奥:意大利的一级行政区划,位于意大利中西部,其政府所在地位于罗马。早在古罗马时期,拉齐奥就有人类居住,主要为伊特鲁亚人和拉丁人。伊特鲁亚文明留下的各种遗迹显示了这里的古代文明成就。罗马帝国衰亡后,拉齐奥开始依附于教皇,直到 1870 年意大利统一。在奥古斯都的管理体系下,拉齐奥和坎帕尼亚成为意大利最早成立的两个区。——中译者注

④ 蒂托·李维(Titus Livius):公元前 59 年—公元 17 年,古罗马著名历史学家,其代表作《从罗马建城开始》是一部关于罗马历史的鸿篇巨著。——中译者注

法侵占的物品。*Res repetere*（意思为"索要物品"），是用武力夺回物品之前的最后警告。乞灵仪式之后，若对方还不交出物品，就会宣战。战争最终的目标是物——为了捍卫自己的物，或者用暴力获得他人的物。卡内蒂对此观察入微："其他更为耐心的增长方式"被丢弃一旁，那些方式被认为是"无足轻重。一种集体宗教战争的方式得以发展，其目标是迅速获得可能多的物资"①。千百年来，战争的最初目的就是掠夺物品。正因如此，以前的指挥官都不敢禁止自己手下的人掳掠。数不清有多少次，掠夺物品——众多的战利品堆积在胜利者脚下的土地上——象征着人与人之间的权力关系。土地是入侵的军队首先要夺取的东西——通过践踏、征服、圈占的方式。最后，军事胜利向领土侵占者们投以微笑，侵占者们插上新的旗帜，让它在他人领土之上飘荡。从那一刻起，被征服土地上的一切东西都成为新主人的战利品。

战争与财产的关系远远早于法律界定的财产关系，尤其是在古罗马这个"法的国度"。有好几个世纪，战争是资源匮乏民族获得物资的唯一手段。战争是获得财物的最普通途径——战争频频发生，屡见不鲜，以至于长期以来，人们觉得当海盗比做贸易更光荣。在最初的时候，财产常常指的就

---

① 埃利亚斯·卡内蒂：《群众与权力》（Elias Canetti, *Crowds and Power*, p. 140.）。

是抢先占有。财产获得起先既不靠流通，也不靠继承，而是靠夺取。我们或许可以料想到，所有权转让及后来称作继承权等事宜对于古代罗马法来说还是未知数。财产背后空无一物——除了那个使之成为财产的抢夺行为。①古代罗马没有抢劫罪——或许因为传说中第一批罗马女人是从邻族掳掠而来，其目的是打击邻族。盖尤斯曾指出罗马人相信"从敌人那里夺取的任何物品都可完全当作是自己的"。盖尤斯的这句话表明，就获取物品而言，法律和暴力之间是没有什么不可跨越的界线的。②"*praedium*"（地产）一词与"*praeda*"（抢劫，武力夺取的财物）一词在词源上可能有联系，这意味着领土与 *praedatio*（掠夺，抢劫）有关。果不其然，后来涉及买和卖的公共法令会盖着带有长矛图样的章——长矛插在土地上，象征着获取权利的力量。和锐利的矛尖相比，木棍的圆头就显得苍白无力。为了明确某物归某人所有，物就必须与自然或与他人分离。根据庄严的罗马法中的要式买卖

---

① 扬·托马斯：《法律运作》（Yan Thomas, *Les Opérations du droit*, ed. M. A. Hermitte and P. Napoli, Gallimard, Paris 2011, pp. 27ff.）。

② 盖尤斯：《法学阶梯》（Gaius, *Institutions*, IV, 16）。

（*mancipium*）① 条例，某人所有之物，严格来说，就是某人之手占有之物（*manu captum*）。尽管法律规定的财产转让的确存在，但是最初的财产总是来自占领某片空地，或者来自占有某件无主之物。只要物还未落入某个人之手，任何人都可以将之据为己有。物的最初主人也是物的最先占有者，这就如同野生动物属于任何一个最先看到它的人。从这个最初行为来看，所谓的 *ius*②（法权）不过只是一纸担保。法律保护物主的所有权不受他人威胁，不引发争议。若有人来争抢所有权，法律则会反过来要求争抢者提供证据。③

　　罗马法本质上是家产法。鲁道夫·冯·耶林（Rudolf

---

　　①　要式买卖是罗马法转移所有权的最古老的方式。要式买卖必须通过特定仪式来表明当事人之间的所有权转移。盖尤斯《法学阶梯》第一编第119条中说到要式买卖："要式买卖是一种虚拟买卖；这是罗马市民特有的法；它按照下列程序进行：使用不少于五人的成年罗马市民作证人，另外有一名同样身份的人手持一把铜秤，他被称为司秤。买主手持铜块说：'我根据罗马法说此人是我的，我用这块铜和铜秤将他买下。'然后他用铜敲秤，并将铜块交给买主，好似支付价金。"（盖尤斯：《法学阶梯》，第44页。）——中译者注

　　②　拉丁语，"权利"。——中译者注

　　③　菲利普·西蒙诺：《人和物品》（Philippe Simonnot, *Les personnes et les choses*, Les Belles Lettres, Paris 2004, pp. 129ff.）。

von Jhering)① 曾观察到罗马法的基础是纯粹的经济关系，这个观察是对的。② 甚至国家一词（该词某种程度上可以用来指古罗马），也是人们在谈及私法时才会想到的概念。这就是为何罗马法中没有关于主权的真正理论，也没有关于法的主体性认识——换句话说，某人能成为某物的所有者不是法律定下的，而是其本已有效成形的所有权决定的。"*Vindicatio in rem*（要求某物）"体现在说"*res mea est*（此物是我的）"，而不是说"*ius mihi est*（此为我的权利）"——这反映出一个事实，即所有者与所持物之间是一种无须通过其他主体的纯粹关系。尽管获得所有权的方式各有不同——通过购买、继承、捐赠等——但其最初形式仍为占有无主之物（*res nullius*）。在最初的占有事件中，任何人为自己要求某物都不用援求其他法律关系（除了此物的所有权）。似乎某种东西在他的攫取中自然地落入其手中。曾经的无主之物如

---

① 鲁道夫·冯·耶林（Rudolf von Jhering）：1818—1892，德国著名法学家，新功利主义（目的）法学派的创始人，与萨维尼、祁克并列为19世纪西欧最伟大法学家，其思想不仅对西欧，而且对全世界产生巨大影响。代表著作有《罗马法精神》《法的目的》《为权利而斗争》等。——中译者注

② 鲁道夫·冯·耶林：《罗马法在其不同发展阶段之精神》（简称《罗马法精神》）（Rudolf von Jhering, *Geist des römischen Rechts auf den verschiedenen Stufen seiner Entwicklung*（1852–1865），Scientia Verlag, Aalen 1993.）。

今成为他的东西，他接受，拿走，并享有。接下来的其他占有行为，都与这个已为原型的最初行为有关，并因之成为可能。因此，最初占有也是一切法律中无法化减的核心。

区分

人征服物，宣称物是他/她的，被征服之物则从属于那个人。由此不仅衍生出人与物之间的关系，而且还衍生出人与人之间的关系——等级、地位、权力等。占有物或失去物，是战争过后胜利者与失败者区分的真正标志。即便在和平状态下，物的所有权也显示出不同人之间的权力关系，以及不同的人格地位。在古罗马，那些家产（patrimonium①）所有者们（比如家父）和没有这些财产的人相比，情况是大不相同的。拥有家产不仅意味着拥有物（包括货币这样注定可获得其他物的抽象之物），而且意味着可以支配那些财产少的人，或是那些根本就没有财产的人，后者则被迫将他们自己交与财产所有者支配。

这就是物的所有权如何与他人支配权发生了联系。从这点我们看到，之前在现实中对立的关系，如今呈现出一种相互缠绕。实际上，这里形成了一种人与物的装置，通过这个装置，人与物在颠倒的交叉结构中组合到一起，其中一方的

---

① 拉丁语，指从父亲那里继承的遗产。——中译者注

映像投射到另一方。我们可以从如下关系中看到这点：人与人的关系由物的所有权有无界定；有些人降低到物的地位，尽管他们身体上是人。盖尤斯认为罗马最重要的划分（*summa divisio*），就是人分为自由人和奴隶。人因此具有了双重身份：作为人的人（在抽象的名称上属于人）；作为物的人（实际上被同化为物）。这种模棱两可的分类不仅涉及奴隶——他们被列入 *res corporales*（身形物或肉体物），被视为是 *instrumentum vocale*（说话的工具），是赋有声音的物——而且牵涉到妻子、儿子、无力偿债的破产者等群体（他们永远徘徊在人与物之间）。这些人当中，没有人有真正的自主权，没有人在法律上是独立的，或是 *sui iuris*（自权人）。①对于那些不是家父②的人来说，成为 *alieni iuris*（他

---

① 古罗马有关"人"的概念，参见 *Homo*，*caput*，*persona. La costruzione giuridica dell'identità nell'esperienza giuridica romana*，ed. A. Corbino，M. Humbert，G. Negri，Iuss Press，Pavia 2010；以及 E. Stolfi，*Il diritto*，*la genealogia*，*la storia. Itinerari*，il Mulino，Bologna 2010，pp. 139ff.

② 古罗马的《十二铜表法》中规定有家长权，也即家父权。在家庭中，家父为自权人，其他家庭成员为他权人，家父对其他家庭成员拥有诸多人身和财产权利。盖尤斯在《法学阶梯》中也将人划分为自权人和他权人。"自权人"拥有自己的权力，而"他权人"则从属于他人。"他权人"包括奴隶、子女、夫权下的妇女等。——中译者注

权人），成为不属于自身的人，意味着身处某种和物相近的地带。

吊诡的是，貌似以人与物的对立为基础建立起来的法律秩序，却产生出从对立一方到另一方的持续滑移，一部分人就这么被抛入到无生命的物的范围。当然，奴隶的物化现象并非古罗马所特有。亚里士多德在这之前就已经说过："奴隶也是一宗生命的财产；一切从属的人们都可算作优先于其他［无生命］工具的［有生命］工具。"①人与物之间的持续滑动不是简单的法律程序，它是罗马法的基础。如果我们仔细分析一下那些将人减等为奴隶，或者那些可以让一个父亲把儿子卖给另一个父亲-主人的法律程序，我们就可以看出这是一种有效的操演（performative），其背后是一种既能"人格化"又能"去人格化"的装置——它似乎在进行着某种对称的颠倒，某些人的"人格化"对应着另一些人的"去人格化"，后者屈从于前者。一个人越是能将更多的人推到物的那边，他/她就越能获得更牢固的人格权利。例如，债权人对破产的债务人的支配，可以完全不受约束。在债权人的支配下，债务人减等为物，无论是生是死。甚至死后，债务人的尸体也可以不给他的亲属，不予埋葬。通过这种方式，对所有权的衡量替换成债务人的身体，后者成为可任由

① 此处译文参见亚里士多德：《政治学》，吴寿彭译，北京：商务印书馆，2010 年，第 12 页。——中译者注

债权人来定夺如何凌辱或施暴的对象。人与人之间的关系从未有过如此这般地蜕变——有人升为人中之"人",高高在上;有人则降为人中之"物",备受折磨。正如尼采看到的那样,个人的责任感"起源于最古老、最原始的人际关系中,起源于买主和卖主的关系、债权人和债务人的关系中;在这种关系中第一次产生了人反对人的现象,第一次出现了人和人较量的现象"①。

用债务人的身体替代未偿的债务,这让我们窥见至今还隐匿在人与物二元关系之下的某种东西——是它连接着人与物,也恰恰是它似乎被排斥在法律之外。它,就是身体。对身体的使用和滥用导致了某些人的人格化以及另一些人的物化。西蒙娜·薇依(Simone Weil)② 也曾对古罗马的人的观念有过非常尖锐的批评。她写道:"财产是由 *jus intendi ed abutendi*(使用和滥用的权利)所界定的。事实上,大多

---

① 尼采:《论道德的谱系》(Nietzsche, "On the Genealogy of Morals," in *Basic Writings*, trans. Walter Kaufmann, Random House, Modern Library edn., New York 2000, p. 506.)。(此处中文译文参见尼采:《论道德的谱系》,周红译,北京:生活·读书·新知三联书店,1992 年,第 49 页。——中译者注)

② 西蒙娜·薇依(Simone Weil):1909—1943,法国思想家、神秘主义者、政治活动家,其思想深刻影响着战后欧洲的思潮。加缪称她为"我们时代唯一伟大的精神"。——中译者注

情况下，财产所有者任意使用和滥用的是人。"①由于身体基本上被等同于具有身体的人，所以身体自身在法规层面没有任何法律地位。乌尔比安（Ulpian）②在《学说编纂》（*Digest*）中有句话："无人可视为其自身肢体的所有者（*dominus membrorum suorum nemo videtur*）。"（*Digest*, 9. 2. 13）从这句话中你可以看到，身体不可能是法律让渡或使用的对象——甚至拥有这个身体的人也不能这么做。然而，现实却与此法律保护条款相反——在古罗马，身体在界定社会关系中担任着重要角色。身体是劳作的机器，是快感的工具，是支配的客体。身体衡量出凌驾他人的权力。身体是活动的标靶，在此快感积攒，同时暴力也相应得到释放。身体远非（如法典所示）人的共延，而是人借由沦为物的通道。就是在这样强调人与物绝对不同的法律体系中，不可避免地发生着人到物的滑动，这真是让人咋舌——在古罗马，无人能免，从生到死，一生中至少有某个阶段，要经历某种接近于

---

① 西蒙娜·薇依：《人的人格性》（Simone Weil, "Human Personality", in *Selected Essays 1934–1943*, trans. Richard Rees, Oxford University Press, Oxford 1962, p. 62; *Antologia Del pensiero impolitico*, ed. Roberto Esposito, Bruno Mondadori, Milan 1996, p. 76.）。

② 乌尔比安（Ulpian）：? —228，他与帕比尼安、保罗、盖尤斯、莫迪斯蒂努斯并称为古罗马五大法学家。在法学理论方面，他在历史上最先提出公法和私法的划分。——中译者注

受支配的物的状态。

　　这种变化从一开始就是人（格）范畴必不可少的一部分。人（格）这个词公认的希腊词源意指演员脸上戴的戏剧面具，也恰恰是这个原因，*persona*① 这个词从不等同于人的面孔。后来，*persona* 指戏剧表演中的人物，可是，它还是有别于在不同场景中诠释人物的演员。法律似乎不过是再现了人们心中该词的二元性或双重性。*Persona* 不是其所呈现的那个个体，它只是个法律身份，会因为与他人权力关系的变动而变动。不足为奇，古代罗马人提到他们在生活中的角色时，会说 *personam habere*（意为"拥有一个人格"）。*Persona* 不是人所"是"，而是人所"有"，就像人的某种机能，你可能拥有它，也可能会失去它。因此，和人们普遍设想的相反，人（格）范畴产生的不是统一，而是分离。它不仅按照社会角色的不同将一部分人与其他人分离，而且它还将个体从其自身生物群体中分离。个体的人格不只是他所戴的面具，很多时候，他有可能曝身于"去人格化"（depersona-

----

　　① **Persona**：该词在古希腊语和拉丁语中有"戏剧面具"之意，后又指演员饰演的人物或具有法律属性的人，现在该词泛指小说或戏剧中的人物，或指人的社会角色、身份等。——中译者注

lization）之中，这在法律上叫作 *capitis diminutio*（人格减等)①，严重的时候可能会完全丧失人的身份。或许可以这么说，正是人（格）范畴使得人类中的一部分屈从于另一部分，但这种情况也是每个人、每个个体所要面对的境况。

想想如下的事实，你就会知道上面这种古罗马人格装置持续了多久。为了重建人的权利，甚至 20 世纪的人格主义哲学（personalism)② 也复现了此范式的核心——也即，主体与其身体功能上的分离。③人格主义哲学家雅克·马利坦

---

① 人格减等：在罗马法中，同时具备自由权、市民权和家族权三种身份权的人才是一个享有完全人格的人。若这三种身份权中有一种或两种丧失或发生变化，就成为人格不完的人，这在罗马法中被称为"人格减等"。——中译者注

② 人格主义（personalism)：一种形成于 19 世纪末的哲学理论体系，其主要创始人是美国哲学家布登·鲍恩。"人格主义"将"自我"归为"人格"，认为"人格"是一种能够支配自我思想、情感、意志的精神主体。由是，"人格"在"人格主义"这里成为一种与自我身体、与物质世界无关的纯粹精神实体。——中译者注

③ 参见罗伯托·埃斯波西托：《第三人：生命的政治及非人格哲学》（Roberto Esposito, *Third Person. Politics of life and philosophy of the impersonal*, trans. Zakiya Hanafi, Polity Books, Cambridge 2012.）。

（Jacques Maritain）① 认为人（格）是"一个完整的，自身的主人"②。——补充说明一下，这也就是说，一个完全的人，必须能完全控制其动物性的部分。当且只有当，一个人是其身体中居住的那个动物的绝对主人时，他才是人（格）。当然，不是每个人都会对自身的去动物性（deanimalization）抱有相同的态度——并且个体的人性多少还要取决于其人性强度大小。这也是那些能被界定为人的人和不能被界定为人的人、那些在任何情况下皆为人的人和只在某些情况下成为人的人之间的基本差异。上面这个发生于个体内部的断裂在人类整体的分裂中又一次得到繁殖。以罗马法为基础的整个司法文明带着清晰的分裂印记。从约瑟夫·波蒂埃（Joseph Pothier）③ 的著名论作《论人与物》中，我们可以看到：18 世纪，人们按照从奴隶到贵族分成不同阶层，

① 雅克·马利坦（Jacques Maritain）：1882—1973，法国哲学家，新托马斯主义的代表，其论著有 60 余部，涉及本体论、认识论、自然观、伦理观、美学、历史观与宗教学等多个领域。——中译者注

② 雅克·马利坦：《人的权利与自然法》（Jacques Maritain, *The Rights of Man and Natural Law*, trans. Doris C. Anson, Gordian Press, New York 1971, p. 55 and 65.）。

③ 约瑟夫·波蒂埃（Joseph Pothier）：1699—1772，法国法学家，其对罗马法的研究堪称经典。——中译者注

这种因等级而产生的人的分裂与古罗马对人的区分颇为相似。[1]人们把这种标划出人之不同的法律区分当成是人的真正开始，这种认识持续了漫长的时间，比如奴隶制度。在我们今天看来，这种制度似乎早就消逝在遥远而模糊的历史尘烟之中了，可是，奴隶制的废除距今还不到两个世纪——而且，我们都很清楚，它还在以其他的形式重现，并蔓延。人（格）概念，原则上本应带来人的自然权利的普及，可长期以来，它却被用于对某些人群的排斥，使得他们无法得到其他人享有的利益。因为有了人（格）这个概念，某些人沦为人之物，他们受人使唤、被人虐役。虽然后来有了保护机制，奴隶制已经受到节制，但是古罗马的奴隶和今天的奴隶唯一的差别是受到凌辱的方式不同。从古罗马奴隶被鞭打致死，到 19 世纪的阿拉巴马，再到今天的兰佩杜萨岛（Lampedusa）[2]，其中最骇人听闻的一幕就是最近发生的

---

[1]　罗伯特·约瑟夫·波蒂埃：《论人与物》（Robert Joseph Pothier, *Traité des personnes et des choses*, in *Œuvres de Pothier*, vol. 9, ed. M. Bugnet, Paris 1846.）。

[2]　兰佩杜萨岛：意大利南部地中海中岛屿，位于西西里岛和突尼斯之间，离北非海岸大约 120 公里，是北非非法移民乘船到欧洲的关键跳板和第一目的地，因此，每年有大量非法移民来到该岛。2013 年 12 月 17 日，有手机视频记录显示，该岛的难民营发生要求难民（包括女性）裸体在公众面前接受消毒的侮辱性事件。意大利《共和报》评论说："这一幕令人回想起了集中营。"——中译者注。

事件。

一分为二

　　正是因为身体缺乏自身的法律身份，它因而成为人沦为物的通道。身体没有受到法律的覆盖，摇摆于人与物之间，如此，人可以沦为物。这不仅发生在人类群体之中，而且也发生在个体身上。前者因人之初始的区分与排斥而被切割成块，后者亦被分割为价值不同的两个部分——一个是理性的或精神的，另一个是肉体的。如此一来，就产生出人格装置的操演效果（performative effect）。我们已经在罗马法中认识到这个装置的第一个结构体（matrix）。第二个结构体则指向基督教的道成肉身教义。乍看之下，这两个结构体之间存在着某种文化鸿沟，将二者放在一起谈论似乎有欠妥当。但是，若我们将目光从眼前的历史场景中移开，转而投向隐匿在历史巨幕之下的某些范式时，就会看到二者之间惊人的相似。正是人（格）概念使得二者的相似性浮出水面。那么，有关人（格）的两个概念——罗马-法律的概念和基督教-神学的概念——是如何纠缠到一起的？这个问题很复杂，文献资料的说辞不一。有的阐释者认为前者影响了后者，有的则认为相反。而在基督教内部，这个问题甚至更复杂，因为人（格）概念与三位一体和道成肉身的教义牵扯在一起。

德尔图良（Tertullian）① 最先试图给这个问题定个框架，可是即便在他的作品中，也存在着明显的矛盾之处：三位一体（Trinity）中人（格）概念为多重的三，而道成肉身中人（格）概念却一分为二。

早期基督教神学家们的复杂争论涉及法律与神学两个领域，我们毋庸深入争论也能看到这两个领域之间存在着某种基本的对应。二者皆为人格装置的核心，我们不仅需要梳理二者之间的一致及差异，还要弄清随之出现的人类生命中一部分人对另一部分人的屈从。正因如此，我认为，罗马法和基督教神学是构成政治-神学机器的两大支柱结构，而政治-神学机器，两千多年来，注定就是西方权力概念的标志。②即便姑且不论这个问题，我们仍然要面对另一问题：在将鲜活的生命体一分为二的过程中，人（格）概念起到怎样关键的作用。罗马法将人区分为不同的等级，这样的分裂对整个人类群体都产生影响。基督教神学中同样的分裂击穿个体，造成个体内部的区分。与罗马时的做法不同的是，

---

① 德尔图良（Tertullian）：150—230？基督教著名神学家、哲学家。——中译者注

② 罗伯托·埃斯波西托：《二：政治-神学机器与思想之地》（Roberto Esposito, *Due. La macchina della teologia politica e il posto del pensiero*, Einaudi, Turin 2013；英文版，即将出版：*Two. The Machine of Political-Theology and the Place of Thought*, trans. Zakiya Hanafi, Fordham University Press, Bronx, New York.）。

基督教的确视所有个体为人，认为他们与造物主形态相仿。然而基督教之所以能这么看待人，是因为他们将人分成不同性质的两个部分：一个是精神的，一个是肉体的，后者从属于前者。如是，我们就从罗马法中人与人格的功能性区分步入到人–人格复合体内部中的本体区分。

精神与肉体具有不同的价值，是不对称的两极——这个看法在所有基督教作者的笔下，都或多或少地有所流露。在奥古斯丁①那里，我们就能清晰地看到，肉体层面要屈从于非肉体层面。人的存在尽管离不开身体，可是身体却是较为低等卑贱那个部分，以至于克服身体之需的要求也极有可能被称为"某种软弱"。②尽管奥古斯丁在写的过程中，也曾改换过语气，但他从未质疑过灵魂之于身体的至高地位。灵魂的至高无上根源于基督教人格中不可逾越的差异：人性服从神性。与政治–神学装置的特性一致，这个情形实为一种排斥的容纳，其效果与法律版本相似。再一次，人（格）

---

① 奥古斯丁：354—430，古罗马帝国时期天主教思想家，欧洲中世纪基督教神学的重要代表。主要著作有《忏悔录》《上帝之城》《论三位一体》等。——中译者注

② 奥古斯丁：《论三位一体》（Augustine, *On the Holy Trinity*, XI, I, I, from *A Select Library of the Nicene and Post-Nicene Fathers of the Christian Church. Vol. III St. Augustin on the Holy Trinity*, *Doctrinal Treatises*, *Moral Treatises*, ed. Philip Schaff, The Christian Literature Co., Buffalo 1887.）。

是建构而成——不同性质的两种实在集于一身，其中一个服从另一个的统治。上帝借助人而使道成肉身，灵魂依托身体方安得一隅——奥古斯丁毫不犹豫地就在此二者之间建立了某种形式上的相似。

身体与灵魂尽管大不相同，可是灵魂之于身体的优先性在古典基督教中从未受到怀疑。即便对于托马斯·阿奎那[①]来说（他曾试图通过亚里士多德的范畴来调和奥古斯丁的二元论），人依旧处在理性完全"主宰自身行为"这样的框架之中。[②]奥古斯都笔下只是用了"use"（使用）一词，阿奎那却换为完全的"dominion"（主宰）。这些宗教先父们的措辞形成一种二元结构，这个结构只有通过低等部分的屈从方达到统一。奥古斯丁用两座城构建了政治-神学原型，所有其他模型皆不同程度地由此衍生。发生在宇宙-历史层面上的上帝之城与世俗之城的冲突也同样是发生在个人身上灵魂与肉体的冲突。只有当我们赢得对自身身体的战斗时，上帝

---

① 托马斯·阿奎那（Thomas Aquinas）：约1225—1274，中世纪神学、经院哲学的集大成者。他将理性引入神学，是自然神学的最早的提倡者之一，也是托马斯哲学学派的创立者。其代表作为《神学大全》。——中译者注

② 《圣·托马斯·阿奎那神学大全》（*The Summa Theologica of St. Thomas Aquinas*, Second and Revised Edition, 1920. Literally trans. Fathers of the English Dominican Province. Online Edition Copyright © 2008 by Kevin Knight, I, Q. 29, Art. I.）。

之城才能战胜世俗之城。在奥古斯丁的阐释中，整个历史就是一场神与人、精神与肉体无休止的战斗——双方的争斗构成人的双重性统一。争斗将一直持续下去，"一"也将分滞于"二"中，直至战斗结束，善的力量战胜恶的力量。

在恩斯特·康托洛维茨（Ernst Kantorowicz）[1] 有关中世纪政治神学的精彩描述中，"二"也是构成位居王位之人的身体数量。[2]之前人的身体与基督的双重性之间建立的基本类比，现在又转化为主权者的特殊面相。正如基督的人格有两个基本面——可朽的和永恒的，国王一个人身上也维系着两个身体：一个是短暂易逝的，另一个是永恒不朽的，后者可以传交给继承者，王朝也会接续不断。就人格装置的运作而言，伊丽莎白时期英国典型的身体语义（比欧洲更具典型性）与人格的身体语义并无明显不同。人（格），不论是法律上的还是神学上的，自身都包含着低等的部分；同样，国王的政治身体在与其自然身体合二为一的同时也保存着与其自身不一致的他性。这种情形与人（格）相仿，国王的两

---

[1]　恩斯特·康托洛维茨（Ernst Kantorowicz）：1895—1963，20世纪著名德裔美国历史学家，以中世纪政治史、思想史及艺术研究见长。——中译者注

[2]　恩斯特·康托洛维茨：《国王的两个身体：中世纪政治神学研究》（Ernst Kantorowicz, *The King's Two Bodies. A Study in Mediaeval Political Theology*, Princeton University Press, Princeton NJ 1997.）。

个身体构成的是分裂的统一。国王的两个身体在王冠下结合在一起，在死亡时分离。当死亡来临，两个身体中的一个消失，不同的身体则会取而代之。正如个人身上会上演灵与肉的冲突，同样，一旦国王不履行职责、听凭本能行事，国王的两个身体也会在其生前发生冲突。那样，不仅主权者，而且他的反对者，都会令这两个身体相互对抗。康托洛维茨回顾英国革命时写到，议会以国王查理一世的政治身体之名召集英国人民，反抗国王的自然身体，最终，查理一世被斩首，而国王的政治身体却没有遭到任何损坏。

伊丽莎白时期的文学欲流芳百世，以形而上学的方式呈现出来的东西，也可以迸发为有关完全分裂的悲剧。莎士比亚的《理查二世》就给我们生动地描绘了这样的情节。①这部戏剧展现了分裂功能——分裂成无法控制的碎片。"从神圣国王到国王之'名'，再从国王之名到赤条条的人的悲惨境地"，这个下降过程意味着数次分崩离析。②跨过国王、愚人、上帝的三重形象，接下来，人的身体开始战胜政治身

---

① 莎士比亚：《理查二世》（William Shakespeare, *Richard II*, in *Works of Shakespeare*, Cambridge University Press, Cambridge 1939, III, 2, pp. 155ff.）。

② 恩斯特·康托洛维茨：《国王的两个身体》（Ernst Kantorowicz, *The King's Two Bodies*, p. 27.）。

体，直到"王权本身意味着死亡。只有死亡，别无其他"①。似乎在这场悲剧性的转换中，国王的分裂是为了绝对地压倒统一体，以至于记忆都是支离破碎的。裂隙穿过国王的自然身体和政治身体，把它们劈开，造成交叉感染。直到有朝一日，国王领悟到他认同的并不是基督，而是自己的背叛者，而一切为时已晚。一个身体背叛的是另一个身体，理查背叛的正是理查自己。国王从镜中自己绝望的面庞上读出的是无可救药的一败涂地。在莎剧的这个场景中，人格装置和映射它的镜子一道，散落成无数碎片。国王的两个身体，最终一分为二，彼此挨着躺在尘土之中，陪伴它们的是破碎的王权象征。国王唯一所能做的事情就是细细品味：

> 用我的权力，他们加害我这个君王，
> 以国王的名义，国王被摘除王冠。
> 如同尘土摧毁宝石。②

---

① 恩斯特·康托洛维茨：《国王的两个身体》（Ernst Kantorowicz, *The King's Two Bodies*, p. 30.）。

② 恩斯特·康托洛维茨：《国王的两个身体》（Ernst Kantorowicz, *The King's Two Bodies*, p. 41.）。

用及滥用

　　基督教概念中的人格装置把生命分割为肉体和精神，现代哲学中的人格装置则深入人的意识。人与超验领域的关系已不再至关重要，重要的是主体和自身的关系——尤其是自身中要贸然逃脱主体控制或被主体遗忘的那部分。为了避免这种可能性，约翰·洛克在《人类理解论》（*An Essay Concerning Human Understanding*）里，将人对自身的认识与记忆联系起来。记忆就是那个"我"认识自身的能力，设想为对自身的行为负责。因此，专有名词被赋予重要性，它顺着与记忆同样的线，串起个体生命中的无数瞬间。谁能保证今天的老人是昨天的那个年轻人？或者我们现在看到的疯子和那个曾经神志健全的人是同一个人？洛克从纯粹哲学的角度提出这些问题，可是这些问题还是和神学的及法律的人（格）概念有千丝万缕的联系。先来看看神学这条线，有下面的重要事实：洛克（在一定程度上参与到当时宗教争论的对话中）提及神秘的重生，特别是死后灵魂在另一个身体中找到自己的可能性。有关多重人格的问题——不论是一个身体中栖居着两个人，还是两个身体呈现为一个人——都屡屡出现在关于灵魂转生轮回的神学讨论当中。

　　洛克的理论与法律有着更紧密的关系，虽然其形式与罗马法大不相同。后者缺乏的是能将法律面具与面具下的个体

（不管他们之间的鸿沟有多深）绑定在一起的一一对应关系。到了中世纪晚期，已有论著讨论人格概念——即 *ficta*（人为的），或者 *repraesentata*（被呈现出来的）——指未必是人的实体。洛克解散了与活着的身体任何残存的联系，而将人与归责原则（the principle of attribution）联系起来——一个人为了把自己界定为人，就需要能向自己和他人证明他是自己思想和行为的主人。就此条要求而言，无论是与身体还是与灵魂的关系都毋庸讨论，真正的关键在于要能够回答人的行为问题，并设想要为自身的行为负责。从这个角度来看，人开始具有我们如今习惯上所讲的现代意义——即人是清楚他/她自身行为后果的个体。

这个理论发展远未消除分裂，反而以加强分裂告终。主体为了能对自身作出判断，就必须与自己分离，担任起法官与被告的双重角色。的确，"归责"（to attribute）概念实际上是和"归罪"（to impute）联系起来的，二者都可能从希腊语动词 *kategorein*（述说、表述）转化而来。就事实而论，最能在严格意义上符合洛克的人（格）概念的，恰恰是在法庭上或者自己能够把他/她的行为归罪于某人的法律能力。正如我们预料的那样，这位哲学家将人（格）界定为"一个酌定行为和是非的司法术语"①。人（格）作出可能的判

---

① 约翰·洛克：《人类理解论》（John Locke, *An Essay Concerning Human Understanding*, Prometheus Books, New York 1995, p. 256.）。

断，从而作出可能的定罪。如此，洛克在主体内部建立起分离，正如古罗马法将个体与其身份分离，还有基督教将灵魂与肉体分离。洛克授予人（格）"道德主体"（moral agent）的头衔，使其同时成为法律主体和审判对象——既无罪又有罪。哲学范畴的人格，原本旨在重建受分离威胁的个体身份，却成为更加分离之所在，意识的两面注定无法在此完全重合。

康德在这个方向上走得更远，他为洛克的以功能为基础的区分建立了哲学术语。康德不仅把主体劈成两个不同实体（其中一个要服从另一个的判断），而且还对二者做出本质区分。在《道德形而上学》中，康德把两个实体都放入人格机制，但是在别的地方，他又强调说明这并不是说"人格是双重的；只有那个能思考、能直观的'我'才是人，而那个由'我'直观到的客体的我，和其他外在于我的客体一样，是物"①。这就好似人把自身的一部分驱逐成外在于己的某种纯粹的物，然后再重新加以控制。这样一来，人又重建了本文所说的那个同样的机制，尽管在罗马法中它有不同的说法。一方面，人的范畴包含着两个部分；另一方面，

---

① 康德：《自莱布尼茨和沃尔夫以来德国形而上学取得什么真正进步？》（Immanuel Kant，"What Real Progress has Metaphysics Made in Germany since the Time of Leibniz and Wolff?" trans. Peter Heath, in Immanuel Kant, *Theoretical Philosophy After* 1781, Cambridge University Press, Cambridge 2002, p. 362.）。

在此基础之上，建立其中一个对另一个的服从，使之与物同化。用康德的术语说是这样的：homo noumenon（本体的人）是所有目的的人，而 homo phaenomenon（现象的人）是那个要服从前者的人。人格是主体控制自身分离部分的能力，以及后者甘愿被前者控制的自觉。

让人吃惊的是，这位将现代思想推至顶峰的创始者居然重新采用带有明显罗马法痕迹的法律词汇。当然，康德将人的资格只留给自由人，以此消解有关人的基本划分问题的矛盾。然后，在有关从属的个体问题上，康德带着几分犹豫不定（这恰恰突显出人与物的无法区分），复制了那个类似于在 ius（法权）中建立的客体化关系。康德与之不同的是在区分所有权与物权这个棘手问题上："一个人可以是自权人（sui iuris），但无法成为自己的所有者（sui dominus，不能随意支配自己）。"①此二者的差别在于分出何为合法使用，何为非法使用或滥用。那些为他人所支配却不属于他人的身体可以被他人所用，却不能被滥用。我们应当质疑"使用"这个概念在塑造西方政治词汇中所起的重要作用。与古罗马的人与物之间的尖锐对立相比，"使用"与"滥用"之间的分界线很难让人探明。康德借助一个使人与物发生交汇的法

---

① 康德：《道德形而上学》（Immanuel Kant, *The Metaphysics of Morals*, trans. Mary Gregor, Cambridge University Press, Cambridge 1996, p. 56.）。

律概念，模糊人与物的区分，这个概念就是 *ius realiter perso-nale*，即有物权性质的对人法权。如果说 *ius reale*（物品法权）① 是对物的法权，*ius personale*（人身法权）是对人的法权，那么 *ius realiter personale*（物人法权）就是指"把外在对象既当作物占有，又当作人来使用"的权利。②

在这个一向被认为具有批判精神的书写者笔下，人向物的滑动再次出现。还和以前的情况一样，人与物之间转化的渠道是被支配者的身体，这个被支配者成为一个被占有的物（*res*）。这种情形不仅适用于为老板打工的工人，而且（和罗马法中的情形一样）适用于妻子——正是有着女人的身体，她们也可能被丈夫（通过占有她们的性器官）当作可

---

① 此处 *ius reale*（物品法权）、*ius personale*（人身法权）、*ius re-aliter personale*（物人法权）等拉丁术语的翻译参见康德：《道德形而上学》，张荣、李秋零译，北京：中国人民大学出版社，2013 年，第 54 页。另，根据康德的《道德形而上学》，*ius reale*（物品法权），指对物品的私人使用的法权；*ius personale*（人身法权），指对他人任性占有的法权；*ius realiter personale*（物人法权），指把他人当作物品占有、又当作人使用的物人法权，比如家庭中的妻子、孩子、帮工等，他们分别被丈夫、父母、主人当做物品占有，但同时他们不是后者的私有财产，不能被后者恣意毁坏，或滥用。——中译者注

② 康德：《道德形而上学》（Immanuel Kant, *The Metaphysics of Morals*, trans. Mary Gregor, Cambridge University Press, Cambridge 1996, p. 61.）。

使用的物品占有。康德认识到这个属性与他自己所宣称的所有自由人之平等发生矛盾，然而他没有消除这个矛盾，而是通过将物化扩展至配偶的另一方来化解矛盾。"当一个人被另一个人当作物获取时，这个人反过来又获取了对方；这样一来，双方各自重获自己，重建自身的人格。"①人格装置引导着整个话语，与之相合的是对人格地位的衡量——它根据把他人当作物来使用的能力而定。物在这里并非与人绝对对立，而表现为是人格范畴中的中心机制——通过被占有、被消费，才使得人真正成为占有的主体。

正是基于此，黑格尔在《法哲学原理》（*Outlines of the Philosophy of Right*）中指责康德对罗马法的臣服。尽管康德的思想闪烁着启蒙的火花，他却以肯定自权人（*sui iuris*）和受自权人支配的他权人（*alieni iuris*）的区分而告终。黑格尔对此提出了批评。不管人处于什么地位，所有人都应该视为具有人格，可是康德却没有从普遍意义上设想人格——这也正是黑格尔所要保留的意见。对于这样的人格范式，黑格尔在法律领域内予以采纳，但在更广泛的公民社会领域却予以拒绝。尽管黑格尔有意识地要与罗马法拉开距离，他还是在很大程度上受到后者影响。黑格尔曾说人"只有作为所

① 康德：《道德形而上学》（Immanuel Kant, *The Metaphysics of Morals*, trans. Mary Gregor, Cambridge University Press, Cambridge 1996, p. 62.）。

有者"才彼此发生关系——他的意思是，倘若人格可以使得人具备占有物的能力，那么也可以说，物的所有权使得人具有人格。①当然，对于黑格尔来说，私法在体现人与人关系方面，和社会、国家等更高领域相比，还不充分，只是一种局部的方式。特殊性不是普遍性的补充，而是普遍性的对立。他甚至还批评说"把个体称为'人格'是轻慢之语"②。黑格尔虽这么说，并不妨碍他将人的自我占有能力定为所有权的基础。对自己的占有是唯一能成为其他所有所有权典范的一种占有。可是，如果不把它当作任由人的意志支配的物，这种对自己人格的完全占有还能意味着什么呢？正如我们所看到的，那种物受人支配，人又成为物的机制再次回归。

非人

黑格尔有关自我占有的论述改变了我们探寻的轨道，把我们带到经天主教及自由主义阐释的生命伦理学讨论中。我

---

① 黑格尔：《法哲学原理》（G. W. F. Hegel, *Outlines of the Philosophy of Right*, trans. T. M. Knox, Oxford University Press, Oxford 1952, p. 56.）。

② 黑格尔：《精神现象学》（G. W. F. Hegel, *Phenomenology of Spirit*, trans. J. B. Baillie, Digireads. Com Publishing, 2009, p. 219.）。

们之前说过，天主教哲学家雅克·马利坦（Jacques Martitain）把人视为能控制自身动物性的实体。这种看法来源于基督教，也同样来源于亚里士多德关于人是"理性的动物"的界定——亚里士多德的想法后由托马斯·阿奎那继承。一旦此种说法（即创造出人的动物性与理性的区分）被人接受，那么摆在面前的就只有两条路，形成两个对立阵线，在世界大战中彼此冲突——要么如纳粹主义所为，理性被碾压至身体的纯粹生物层面，要么如人格主义那样，将动物性托付给理性统治。纳粹主义通过消灭人格使得身体成为国家财产，与之不同的是，自由派的人格主义将身体的所有权指派给栖居于身体的个体。其实，二者之间的属性差异是微不足道的，无法改变如下事实：即纳粹和人格主义者都将身体置于被占用的物的范畴。从这个角度来看，天主教生命伦理将人的身体交给造物主，也陷入同样的逻辑，与上述二者并无差别。

正如我们所看到的，天主教的这个思路可以追溯到宗教先父们的政治神学，而当今主流的自由主义思想则起源于洛克，然后传承于约翰·斯图亚特·密尔（John Stuart Mill）。[1]当然，笛卡尔之前就表明过："关于这个身体，由于一些特殊权利，我把它称作'我的'，我相信这个身体比其

---

[1]　约翰·斯图亚特·密尔（John Stuart Mill）：1806—1873，英国哲学家、经济学家，19世纪古典自由主义代表思想家。——中译者注

他任何东西更属于我。这种信念是有一定道理的。"①身体对于笛卡尔来说还属于存在之物，到了洛克这里，它转而成为所有之物："土地和一切低等动物为一切人所共有，但是每人对他自己的人身享有一种所有权。"②密尔呢，又加上一句："个人对自己、对自己的身体和心灵拥有主权。"③ 他这不过是顺着洛克的逻辑，作出了最后的推论。密尔把所有权概念叠加到主权概念上，使得身体成为自己人格之"物"。要深入领会康德所说的那个把他人当作物占有的"物人法权"（ius realiter personale），我们就必须顺着这条推论线探寻。身体受到人与物的碾压，它注定要从人的领域滑向物的领域。一旦朝这个方向迈进，它就走上不归之路。就像贝特朗·勒马尼西耶（Bertrand Lemennicier）写的："每个人都

---

① 笛卡尔：《第一哲学沉思集》（René Descartes, *Meditations on First Philosophy*, trans. John Cottingham, Cambridge University Press, Cambridge 1996, p. 52.）。（此处中文译文参见勒内·笛卡尔：《第一哲学沉思集》，徐陶译，北京：中国社会科学出版社，2009年版，第73—74页。——中译者注）

② 约翰·洛克：《政府论》（John Locke, *Two Treatises of Government*, Cambridge University Press, Cambridge 1988, p. 287.）。（此处中文译文参见洛克：《政府论》（下篇），叶启芳、瞿菊农译，北京：商务印书馆，1964年版，第18页。——中译者注）

③ 约翰·斯图亚特·密尔：《论自由》（John Stuart Mill, *On Liberty*, Batoche Books, Kitchener 2001, p. 13.）。

是自己的所有者［……］。人的身体和其他任何物品一样，其所有者可以清楚识别。"①

或许，新自由思想中最让人不安的地方就是它对古罗马法律范畴的公然继续——远甚于康德的谨慎采用。康德不管怎样都以普遍性为前提，为的是把人的范畴扩展至所有个体，然而，自由主义生命伦理学的权威倡导者们，如齐斯特拉姆·恩格尔哈特（H. Tristram Engelhardt）②和彼得·辛格（Peter Singer）③等，他们毫不犹豫地要打破这种关系——人（person）不一定都是人类（human being），人类也不一定都是人。④所有人类个

---

① 贝特朗·勒马尼西耶：《人的身体：国家所有物还是自身所有物?》（Bertrand Lemennicier, "Le corps humain: propriété de l'état ou propriété de soi?" *Droits*, 13（1991）, p. 118.）。(此处引文译自意大利文。——英译者注)

② 齐斯特拉姆·恩格尔哈特（H. Tristram Engelhardt）：1941年出生，当代美国医学哲学教授。——中译者注

③ 彼得·辛格（Peter Singer）：1946年出生，澳大利亚著名伦理学家。其代表作《动物解放》（*Animal Liberation*, 1975）开创了现代的动物权益保护运动。——中译者注

④ 恩格尔哈特在《生命伦理学》中说的人（person），是指有自我意识、有行为能力、能承担道德责任的作为伦理学主体的人，以区别于生物学意义上的人类（human）。例如，不是严格意义上的人类有胎儿、婴儿、严重智力障碍者和没有希望恢复的昏迷者等。——中译者注

体也许属于叫"智人"（*Homo sapiens*）的物种，只有其中的一部分，还仅仅是在有限的时间里，才能进入人的独有领域："从严格意义上来说，人只是在人类生物体出生后一段时间，或许数年才形成，还极有可能在人类生物体死亡之前的某个时候就消亡。"① 如同人法（*ius personarum*）所为，这里，人类也要面对"人"这个门槛，能跨越这个门槛的都是健康的成人，他们具有意识，有能力做出自我决定。在此范围之外，随着年龄和健康状况的变动，不断增多的有：潜在人（potential persons，比如婴儿）、半人（semi-persons，比如年老需要援助的人）、非人（non-persons，比如临终病人）、反人（anti-persons，比如疯子）等。如恩格尔哈特坚持认为的那样，问题在于：

> 不是所有的人类都是严格意义上的人，不是所有人类都能成为道德主体的人。[……] 婴儿在这个意义上不是人。极其衰老者和严重智障者从这个重要方面来看都不是人。②

---

① 齐斯特拉姆·恩格尔哈特：《生命伦理学基础》（H. Tristram Engelhardt, *The Foundations of Bioethics*, Oxford University Press, Oxford 1996, p. 240.）。

② 齐斯特拉姆·恩格尔哈特：《生命伦理学基础》（H. Tristram Engelhardt, *The Foundations of Bioethics*, Oxford University Press, Oxford 1996, p. 239.）。

从以上出发，所能得出的结果就是："真正"的人支配那些还未是或不再是人的人。后者不能支撑自己，他们甚至对自身状况没有完全意识，所以，他们需要有人为他们做出决定——不仅决定他们的生存条件，而且权衡是继续让他们活着还是把他们推向死亡。我们已经对胎儿这么做了。辛格问道，是什么不让出生时带有缺陷的孩子受到一视同仁的待遇呢？他的理由是，如果我们回到文明之初，就可以看到，人类物种成员的身份并不自然而然地就能确保其生存。例如，在古希腊和罗马，"婴儿并不自动有生存权。希腊和罗马把残疾和羸弱的婴儿丢弃至山上，让他们死亡"①。在辛格看来，恩格尔哈特援引盖尤斯，直接谈到家长（*patres*）对他们的子女实施的要式买卖，就像把捕获的动物交由猎人处理的猎物权：

> 只要孩子未自主成年，无法外出独立养活自己，还要依靠父母，那么他们在某种程度上就是为父母所有（或者回想一下古罗马的说法，他们还处于父权或者他

---

① 彼得·辛格：《伦理生命书写》（Peter Singer, *Writings on an Ethical life*, HarperCollins, New York 2000, p. 88.）。

038

权之下）。①

这种做法除了顺延古罗马思路外，还出于经济考虑——按照功利主义模式下成本与收益的比例原则，要求减少非生产性人员的数量。于是，利与弊不能从个人角度权衡，而要从共同体整体角度来权衡。如果宣布放弃一些"不值得生存"的生命就可以提升其他所有人的生命，那么上述权衡就是全面获益。②当然，智人（homo sapiens）这个物种的成员确实也受道德约束——但这只是当他们对死亡有恐惧之感，想到灭绝会心生畏惧之时。对那些尚还没有这种畏惧，或已不再畏惧的智人，道德是无法约束的。我们当然必须不让那些被杀的人经受痛苦，要确保他们的痛苦不能高于他们的死亡所带来的社会受益。然而，这也仅仅就是我们对动物所做的——动物还会比那些发育不全的人类或严重损伤的人类更高一等："一个活物是否为我们物种当中的一员，与杀害这个错误行为的道德关联不大，甚至与它是否为人类当中的一员无关。"③

---

① 齐斯特拉姆·恩格尔哈特：《生命伦理学基础》（H. Tristram Engelhardt, *The Foundations of Bioethics*, p. 156.）。

② 辛格：《伦理生命书写》（Peter Singer, *Writings on an Ethical life*, p. 204.）。

③ 辛格：《伦理生命书写》（Peter Singer, *Writings on an Ethical life*, p. 150.）。

毋庸多言，为非人类的动物辩护本身既合情又合理。上述情况下为动物辩言，展现出去人格化（depersonalization）积极的一面，这在现代哲学史中无前例。辛格正确地否认了与纳粹思想有任何可能联系，他提出功利的人格主义的目标是要建立一个更加公正的社会。然而，他忘记了这样的事实：除了把正义等同于某一部分人类的生物利益，没有哪个政权会宣称自己是在以非正义的名义行动。之前我们说过，人和动物之间尽管存在明显差异，但是"理性动物"（*animal rationale*）的定义中却暗含着人与动物的交叉重叠。正是这种交叉重叠把不同的概念连接到同一个棘手的问题之中。当仅凭理性就将人与自身的动物性分开时，它就既可以上升到高等的人性，也可降低至低等的物性。无论哪一个，都缺乏对鲜活身体的承认，而身体具有特殊的本体性，它既不等同于人，也不等同于物。

第二章 物

物之虚无

哲学与物的关系一直存在着问题——因为物特有的具形性，物被逐出哲学的逻各斯，不仅如此，哲学还一直倾向于消除物（虽然以比较含蓄的方式）。海德格尔1945年关于"物"的激进演讲就带有这种倾向。海德格尔是这么回应这个问题的——"但什么是物呢？"他开始给出否定的回答——否定物能被当作被表象或被生产的对象。①如此，物不可从客体化角度抵达。自柏拉图、亚里士多德开始，但凡哲学要试图思考物，皆会遇到这样的困难，更不消说科学语言了。在海德格尔看来，科学语言会更加公然地导致物的毁

---

① 海德格尔：《物》（Martin Heidegger, "The Thing", in Bremen and Freiburg Lectures, *Insight Into That Which Is and Basic Principles of Thinking*, trans. Andrew J. Mitchell, Indiana University Press, Bloomington and Indianapolis, Indiana 2012, pp. 5 – 22. This citation P. 9.）。

损。科学语言力图把物当作客体，它甚至在接近物之前就已经毁坏物。就此，海德格尔断言："物之为物依然受到了阻挡，依然是虚无的，而且在此意义上依然被消灭掉了。"①

回到物的流变发生之初，与人的"去人格化"对应的，是拉丁语 *res*（物）的语义变化及弱化。拉丁语 *res*（物）与希腊语动词 *eiro* 相近，意思是"谈及某物"或"处理某个问题"，指与人相关之物——关乎人的某事或事由。这不仅是意大利语 *cosa*② 和法语 *chose*③ 的词源，而且从同源角度来看，也是古高地德语名词 *Ding* 或 *thing* 的词源。德语 *Ding* 或 *thing* 指"讨论有争议议题的集会"——即定夺事情的集会。与该词更紧密关联的是不断的变化，而不是存在。而从 *res*，到 *Sache*，再到 *Ding*，所有这些物之"名"都带有法律特性——这

---

① 海德格尔：《物》（Martin Heidegger, "The Thing", in Bremen and Freiburg Lectures, *Insight Into That Which Is and Basic Principles of Thinking*, trans. Andrew J. Mitchell, Indiana University Press, Bloomington and Indianapolis, Indiana 2012, pp. 5 – 22. This citation P. 9.）。（此处引文的中文翻译参见马丁·海德格尔：《演讲与论文集》，孙周兴译，北京：生活·读书·新知三联书店，2011 年版，第178 页。——中译者注）

② cosa：意大利语，意为"物""事情""东西"等。——中译者注

③ chose：法语，意为"事情""事物""无生命物体"等。——中译者注

也暗示出物的最终结局。因为物是被"制造"或"制造自身",所以物总是被法律"程序"所捕获,后者的定夺大会决定着物的命运。然而,即便物有这样的"社会"意义,后来可以说也消失了,取而代之的是另一种更中性的实体,它可以被生产、被表象。中世纪广泛使用的 ens(实体)这个概念术语的词根,与古希腊的形而上学相交,后者也要清空(empty)物才能够面对物。从那时起,存在(意大利语,ente)的语义无法逃脱地和"虚空"(意大利语,niente)发生联系,我们所说的"本体"(ontology)也就和虚无紧密纠缠在一起。因此,一旦物和存在发生了关联,它就会受到后者传达出的否定力侵扰。

为什么会发生这样的情况?为什么物一旦转译为存在语言,就衍化成虚无?这个问题要从柏拉图说起。在《理想国》中,柏拉图是这么说到物的:"无法确切决定,究竟是它还是非它;还是,既是它又非它;或者还是,既不是它,也不是非它。"①在《智者篇》中,柏拉图得出了更让人惶惑的结论:我们不仅不可能像巴门尼德那样否认虚无的存在,而且还得

---

① 柏拉图:《理想国》(Plato, *The Republic*, 479c. In *Plato in Twelve Volumes*, vols. 5 and 6, trans. Paul Shorey, Harvard University Press, Cambridge, MA;William Heinemann Ltd., London 1969.)。(此处引文翻译参见柏拉图:《理想国》,张竹明译,南京:译林出版社,2009 年版,第 201 页。——中译者注)

承认存在本身出自虚无。正如《智者篇》中的客人所言："非
存在是存在的一种，它弥漫于存在之中［……］。但现在，已
经发现非存在分有存在。"①要说出任何事物此时此地的个体
性，也意味着提及它所不是的事物，或者也就是，它与其他
事物的不同之处。因此，在对"此地此物"之独特性的肯
定之中，被否定之物作为无法消弭的先决条件，穿透进来，
占据其中。

我们不必太过深入到柏拉图的哲学，就可以看到这种虚
无的结果产生于拯救物的尝试——企图将物归入某种超验领
域，也即，物的理想本质。②可以说，物因此与其自身分离，
并分出两个层面，其中一个外在于另一个，并逼近另一个。
如此一来，对物本质层面的肯定就会最终带来对物真实层面
的否定。物永远无法完全弥合与其本质之间的鸿沟，个体物
总是缺失的，笼罩在非存在之中。从最初开始，就物的意义
来源而言，它就似乎是缺失的。虽然物筑建在至高的理念之
中，却从未能与之相合，它所拥有的只是自身的缺失。隐含
在"实体化"过程中物自身的变异，表明物已置身于虚无

---

① 柏拉图：《智者篇》（Plato. *The Sophist*, 260b-d. In *Plato in Twelve Volumes*, vol. 12, trans. Harold N. Fowler, Harvard University Press, Cambridge, MA; William Heinemann Ltd., London 1921.）。

② 关于本体与虚无主义的关系，参见尼古拉·拉索富有洞见的《物与实体》（Nicola Russo, *La cosa e l'ente. Verso l'ipotesi ontological*, Cronopio, Naples 2012.）。

的分裂之中。逻各斯试图把物当作存在，最终却否定物的存在。

亚里士多德也曾设法克服柏拉图物与理念的二元论，纵然如此，他依然陷入到同样的分裂与虚无装置之中。亚里士多德从如下信念开始——"同一属性在同一关系中不可能同时既属于又不属于同一物"①，最后他却以得出这个结论结束。亚里士多德为了弥合柏拉图开始的断裂，将 *eidos*（形式）②引入物，使其成为物的支撑。这样，物的基础不再居于高处，不再是天上的理念，而是物自身，甚至还要低。*eidos* 是物的基质，于变中保持不变。结果是，本已弥合的与外部世界的分裂如今渗入物自身：物撕裂为潜在不变的本

---

① 亚里士多德：《形而上学》（Aristotle, *Metaphysic*, IV, 3, 1005b. In *Aristotle in 23 Volumes*, vols. 17, 18, trans. Hugh Tredennick, Harvard University Press, Cambridge, MA；William Heinemann Ltd., London 1933.）。

② eidos：希腊语为"εἴδω"，原意为"看"，后来指"所看到的东西"。柏拉图在著作中交替使用"idea"和"eidos"来指称"理念"。柏拉图的"理念"是事物先天抽象的共同本质，然而作为物本质的精神存在，柏拉图的"eidos"与具体的物是分离的，彼此之间存在着不可跨越的鸿沟。亚里士多德沿用了"eidos"一词，指某类事物所共有的形式。然而不同于柏拉图的与物分离的"理念"，亚里士多德的"形式"存在于物之中，与之无法分离。——中译者注

体和此时此刻呈现出的形式。"依据上面所述，显然，所有生成的东西总是复合而成，无论是生成出来的此物，还是变成此物的某物。"①总之，物总在趋向实现自身，因此，物既与其生成之物相同，又与其生成之物不同。诚然，亚氏学说不同于柏拉图的模式，这里的物没有脱离物自身的界线。正因为如此，分裂发生在物内部，因而将物劈开更深。物成为某种没有内聚统一性的复合体，隐藏在其下面的那个永远无法与浮现于其表面的那个吻合。形式始终与质料分离，就像因与果的分离。内外有别，物再一次面临分裂的威胁。

克服这个矛盾的途径就是将物与控制其运动的动因绑缚在一起。亚里士多德称之为"不动的动者"（the unmoved mover），从而将柏拉图式的造物主（Demiurge）世俗化。希腊形而上学中的这个转向只是令物的他律性更加明显。自物要依赖外因才能存在的那个时刻起，它已然是被想成缺失和不足。这个范式的飞跃甚至超越了物的（重要的）神学意义，影响到物自身状况。物现在成为工匠的制品——先是神

---

① 亚里士多德：《物理学》（Aristotle, *Physics*, Books I and II, trans. William Charlton, Clarendon Press, Oxford 1992, 190b, p. 17.）。（此处引文翻译参见亚里士多德：《物理学》，徐开来译，出自《亚里士多德全集》第二卷，苗力田主编，北京：中国人民大学出版社，1991年，第22页。——中译者注）

的，然后是人的——物的实现要依靠他们。这就是物何以最终落入了"技艺"（techne）的生产维度。物没有按照前一形而上学设想的那样从"自然"中产生，而是呈现为制造的结果。没有制造，它们就不存在。基督教在这场范式飞跃中起到的决定性作用毋庸详论，它显然包含着存在向虚无更进一步的滑动。当托马斯·阿奎那断言"一切物和上帝相比，的确就是无"① 的时候，本体和虚无之间的纽带就此联结而成。

物在形而上学中的遭遇紧紧伴随着物的分裂过程，物的分裂似乎已是在所难免。物换置为"存在"预示着它将规划为"客体"——这是海德格尔《世界图像的时代》一文的主要看法。中世纪，人们将物理解为 ens creatum（受造物），乃是上帝创造行为的成果。之后，人们又将物阐释为由人表象、生产出来的。然而，一旦进入到表象或生产装置中，物就转变为客体，依附主体，丧失其独立性。海德格尔指出，这种转变完成于笛卡尔："存在者整体便以下述方式被看待了，即就存在者被具有表象和制造作用的人摆置而

---

① 托马斯·阿奎那：《关于真理的问题争辩》（Thomas Aquinas, *The Disputed Questions on Truth*, vol. I, trans. Robert William Mulligan, S. J.,Henry Regnery Co., Chicago 1952, Question 2, Art. 2.8, p. 50. See Russo, *La cosa e l'ente*, pp. 149ff.）。

言，存在者才是存在着的。"①我们不可忽视主观主义和客观主义之间既统一又分裂的关系：若没有能表象的主体，就没有被表象的物，反之亦然。分离的人与物力图要割断联系，却再次被拉紧到一起。人与物在一种可互换关系中面对彼此：现代人要成为主体，就必须使得客体依赖于他的制造；同样，客体在主体的构想权力之外无法存在。康德将物分裂为现象和本体——分成对我们而言似乎为物的物以及"物自体"——从而将分裂推向极致。人的分裂与物的分裂之间蕴含的关系从未如此清晰。人与物各自从自身的分裂开始，彼此才与对方分离，并转化为对方。因此，人总是脆弱的，总在变成物，而物也总是随时臣服于人的统治。

Res［物］

哲学要在思想构建中消除物，与之相比，法律给物造成的分裂也不相上下。长期以来，传统阐释习惯于沿着抽象与具体的两条线索，将希腊哲学构想与罗马法律经验并列谈

---

①　海德格尔：《世界图像的时代》，见《技术之追问以及其他论文》（Martin Heidegger, "Age of the World Picture", in *The Question Concerning Technology and Other Essays*, trans. William Lovitt, Garland Publishing, New York/London 1977, pp. 129–30.）。（此处引文翻译参见海德格尔：《世界图像的时代》，出自《林中路》，孙周兴译，上海：上海译文出版社，2008年，第78页。——中译者注）

论。古希腊哲学的特点就是由理念构成的抽象世界，它与罗马法构建的具体真实关系相对。实际上，这两个世界的关系要复杂得多。罗马法权与希腊逻各斯在范式上是不可通约的，然而即使什么都不动，二者之间也依然存在着众多呼应之处。罗马法也生产出一套自己的形而上学，它与希腊的形而上学肯定不同，但还是与之相关。诚然，法的形而上学与希腊哲学的不同之处，在于它总是指向人与物之间具体的占有、交易和合同关系。法律要做到如此，就要采取某种形式，把具体关系上升到普遍高度，使之变得抽象。似乎为了能适用于单个诉讼，法律必须重新将具体关系置于理念的本质世界之中，由它们自身推动。因此，法律所言之"事实"并非如其所是，而是经过了超验的滤网，清空了具体内容，并投射到某种平行世界之中。例如，法律要想介入买卖讼案，就要先建立抽象的交易模式，并由此推演出规定交易的条款。这就像形而上学那样，先要求拉开距离，并将生活分裂为两个叠加层面（后来才能重合），通过这样来作用于生活，如此，产生出清空和理念化的双重效果。一方面，人、物、关系等被剥除了特殊性，只与普遍规则相关；另一方面，逻辑结构和理念模式呈现出本体的幽灵，同时产生出真实有力的效果。

　　要理解古罗马时期建立的法律体系（这个体系又传遍整个西方），我们就不能忽视现实性与形而上学之间、具体与抽象之间的特殊联系。①在人与人的关系中，我们已经看到排斥存在。在物那里，类似的事情也有所发生。同样的法律装置既造成人的物化，也产生物的虚化。正如人的内部沿着是否沦为物这一标准而区分开来，同样，物也会在形式上被剥去其物质性，从而失去其作为物的稳定性。罗马法中的术语 *res*（物）并非指在世之物（尽管与之有联系）。*res* 有双重意义：极度物质意义上的和纯粹形式上的。一方面，*res* 是客观现实中的物，在此意义上，它与使用它的人显然不同；另一方面，*res* 指涉抽象的程序，它赋予物法律意义。*res* 是法律诉讼之物也是诉讼本身——物（意大利语为 *cosa*），同时又是诉讼（意大利语为 *causa*）。

如果我们忽视此鲜明特征，即物既是法律诉讼的对象，又是诉讼本身，那么我们将很难理解罗马思想。要识别罗马思想的特殊性，我们就要避免把它附加在希腊哲学或现代思想中，寻求它与这二者之间的联系。在古罗马意义中，*res* 这个词与自然或者人工制品几乎没有什么关系。它既不优先于人，也不是主体面前的 *obiectum*（客体）——德语称为

---

① 有关罗马法和希腊形而上学之间的关系以及有关罗马法这个方面的概述，参见阿尔多·斯切亚沃尼：《法权：西方的法律发明》（Aldo Schiavone, *Ius. L'invenzione del diritto in Occidente*, Einaudi, Turin 2005）；以及不同解释，参见劳伦·德·苏特：《德勒兹与法律实践》（Laurent de Sutter, *Deleuze e la pratica del diritto*, Ombre corte, Verona 2011, pp. 88-9.）。

Gegenstand。法律程序意义上的"审议中的诉讼"——如果我们能找出什么词可以相当于古希腊语汇的话——该词理解为"手头的事情或问题"。物,不只是已定事实,更是深深牵动着我们的真实情况,将我们不断地"带入疑议"之中。例如,*res publica*(公有物),从集体利益角度来看,和我们有关系;*res communes*(共有物),因为不特别属于任何人,所以为每个人所有。

有人认为罗马法与现代法律不同,罗马法显然是客体的,而现代法律是主体的。这里的"客体的"不应当理解为和物质有关。的确,罗马法关乎物胜过关乎人。凭着对物的占有,人才有其相应的人格。因此,物可以用来确立人与人之间的关系,可以用来对人进行分类——从 *patres*(家长)到 *servi*(奴隶)。正是因为物区分人的不同角色,从而可以建立人与人之间的关系,所以,物在法律上维系着一个功能性的地位,同时又没有任何内容。这种现象在非理论的实践领域(比如法律)时常发生,但这并不是说 *res* 与自然之外或人工制品之外的现实无关。罗马的 *res* 不是纯粹的思想表征,不是那种与现实生活没有呼应的逻辑构造。*res* 占据一定的时间和空间,然而,它并未因此具有物质价值。法律对物感兴趣之处,不在于物的物质性,而在于物的形式体系。法律因物的形式体系得以引入,法律同时也有助于创造物的形式体系。从这个意义上来看,尽管物已有了 *res corporals*

(有形物)① 和 *res incorporales*（无形物）② 之区分，但是法律所专注的物皆属于无形物。物成为如此这般，恰恰是因为法律的介入使然。即便那些有形的物，当它们进入 *ius*（法权）之中，也就几乎与其形分离了。似乎在这个最终将部分人推入到物之列的幽灵世界中，物的具体物质性消散了，物置身于虚无之中。

这样的结果随着法律所开创的自我指涉特性而产生，它遵从的抽象模式注定会传递到现代法律秩序中。就此来看，我们可以说，在对于形成整个西方知识的认知模型的构建上，罗马法要胜过希腊哲学。更要紧的是，否定裹挟着法律层面的 *res*（物），并成为物的特征。罗马法有着严格的家产特性，这点我们都清楚。在罗马法当中，对物的考虑在先，其后才是人，人总是与物相关。对于物的界定就是，它们是一个或更多所有者的占有物。即便它们不归任何人所有，原则上它们总还是可被占有的。物从未逃离出潜在的可被占有

---

① *res corporals*（有形物）：根据盖尤斯在《法学阶梯》中的区分："有形物是那些可以触摸的物品，比如土地、人、衣服、金子、银子以及其他无数物品。"（盖尤斯：《法学阶梯》，第82页。）——中译者注

② *res incorporales*（无形物）：根据盖尤斯在《法学阶梯》中的区分："无形物是那些不能触摸的物品，它们体现为某种权利，比如遗产继承、用益权、以任何形式缔结的债。"（盖尤斯：《法学阶梯》，第82页。）——中译者注

052

性。然而，罗马法没有从这一点的肯定方面出发，而是从相反的否定方面开始——从不可被占有的物开始。①整个罗马法的基础就是可被占有物与不可被占有物的区分，乃至盖尤斯的《法学阶梯》带头开始了分裂的锁链。物首先分裂为属于我们财产的物和不属于我们财产的物。但法律话语没有从那些属于我们财产的物开始，而是从那些不属于我们财产的物开始。可被占有之物没有从其本身来界定，而是出于各种原因，界定为不可占有物的相反物。它们很少出现在关于 *res in patrimonio*（遗产之物）或者 *res in commercio*（买卖之物）的资料中，除非是作为物的否定出现，即不可转让的物，如宗教物或公有物。私法——它是古罗马时期的主要法律，几乎吸收了所有其他法律特性——是以否定为前提，方得以形成。这是又一条线，它平行于（尽管不对称）柏拉图开始的形而上学传统和基督教思想。虚无穿过生命，生命最终由虚无而生——从最初起，生命和虚无纠缠在一起，虚无创造出生命。

法律秩序维持着否定基础：所谓合法的就是那些不被禁止的，就像在古罗马，自由的人就是那些不是奴隶的人。*liber*（自由人）的区分基于这样的事实：即他不是 *servus*

① 扬·托马斯：《物的价值：宗教之外的罗马法》（Yan Thomas, "La Valeur des choses. Le droit romain hors de la religion", in *Annales. Histoire, Sciences Sociales*, 57（2002）, no. 6, pp. 143–62.）。

（奴隶）。实际上，罗马法常被提及的情形恰恰就是奴隶制——也就是说那些人没有法律特权。要解释何为 *sui iuris*（自权人），就要界定 *alieni iuris*（他权人）。与他权人相反，便可推知自权人的含义。对于物而言，更是如此。*res mancipi*（要式物）就是那些不是 *nec mancipi*（略式物）之物①。这个逻辑过程带着双重否定，从而避免肯定。将某物包含到 *ius*（法权）中——罗马法的法权最终囊括一切物——总是起于某种排斥。被排斥之物不见得是不被包含之物，而包含之物却是不被排斥之物。细看下来，所有源自非此即彼的区分，始于这个最基本的划分（*summa division*），并遵从否定方式。没有哪个范畴是就其本身得到界定的，而都是通过背离的方式确定。可被占有之物不仅是那些可被占有的物品，*res humani iuris*（人法物）是那些 *non divini iuris*（非神法物）。接着在人法之中，私有物是那些不是公有的物品。甚至在公有物中，属于国家的物品是不属于任何人的物品，界定为 *communes*（共有物）。归属任何人——这是更进一步也是最终的分离——和 *nullius*（不归属任何人）不一样，前者不论怎样都是不可被占有的，而后者，尽管暂时不

---

① 要式物与略式物：盖尤斯在《法学阶梯》中区分了要式物和略式物。要式物是通过要式买卖向他人转让的物品，略式物可以通过让渡完全归他人所有。（盖尤斯：《法学阶梯》，第84页。）——中译者注

被占有，却可以被任何第一个抓住它们的人占有。由此可见，包含之物产生于被排斥之物，肯定之物产生于否定之物。

词与物

在罗马法和希腊逻各斯之前，语言已经在否定物的鲜活内容——这点与广为流传的有关语言的看法截然不同。大家普遍认为的是，语言只是一种表达的工具。词与物之间存在着天然的，甚或人为的对应关系——词是物的语言形式，物是词的内容。正如《创世记》中所说，上帝将语言给予人类之时，语言就是物本身的符号：语言与物密切相似，语言以透明的述说显示物。因此，意义似乎从物中自然涌出，如同泉水自山石流出，光从太阳洒来。后来，巴别塔倒塌，词与物不再浑然一体。尽管语言接着繁殖成多种，但是各个地方语言和物之间却生出深深的鸿沟。15世纪的时候，语言似乎还是世界的一部分。可是到了文艺复兴晚期，语言已经从世界退出，幽闭在表象符号的抽象空间里。词与物的古老纽带就此断开。铭刻在物上的物之名开始消退，与此同时，词再也无法直接通达物之生命。而今，语言不仅无法揭示隐匿在物中之谜，而且语言还使得物之谜更加费解。文艺复兴之秋，堂吉诃德的谵妄经历表明存在物与符号之间从此再无相似性："书写和物再无彼此相似。堂吉诃德独自游荡在书写和物之间。"①远离了物的词，躲进书本，寻求庇护，或者跌入疯癫的深渊，凌乱不堪。语言不再是世界的图像，它顶多也就是在试图解释自己已不能表达的东西罢了。在笛卡尔那里，真理不复存于词与物的联结中，而是存于意识呈现给自身的清晰感知中。能指与所指之间的某种对应也岌岌可危。在新的意义体制中，差异代替并摧毁了相似。表象要存在，符号与所指之间就必须保持一定距离。语言要述说物，就必须远离物，并将自己孤绝在自我指涉的语言世界中。

若是这样，每一句陈述最终都会产生否定作用。语言只有否定物活生生的在场，才能断言物。福柯所见之断裂可以理解为是否定的结果。断裂，与其说是新型知识到来，不如看作是语言行为的构建。语言对物的命名根本不是什么中立行为：它带着暴力侵入的特征。语言为了能侵占已与它分离的物，似乎得呈现出断裂，语言自身带着这种断裂侵入物。语言的本质为否定，不仅哲学家注意到这个事实，语言学家也十分清楚。对于费尔迪南·索绪尔来说，"语言建立在对立的基础之上，建立在带有完全否定含义的关系之上，这样

---

① 米歇尔·福柯：《词与物》（Michel Foucault, *The Order of Things*, Vintage Books, New York 1994, p. 47.）。

的否定关系只在相互对比中存在"①。这样的语言与前语言沟通代码不同：前语言沟通代码是自然地朝向和谐一致，而它则能够否定其所表象的东西。这样的语言能使用"不"，这是人类话语最重要的特性。②进一步探究我们会发现，语言的否定性及其表象行为，同样也对它所表象的现实产生影响。在语言行为当中，不仅物特定的存在方式被否定，而且在某种意义上，物本身的存在也被否定。要给物命名，语言需将物移置到与真实的物不同的维度。词语与它们所命名的物之间不再有任何构建关系。简而言之，为了寻求能表述物，词从物那里拿走现实。只有失去具体的存在，存在物在语言上才是可表象的。物从被命名的那个时刻起，它就失去了自身的内容，并被转移到非实体的符号空间中。如此，语言对物的侵占与物的湮灭相生相伴。

这种虚无装置也是黑格尔哲学中的重要部分。黑格尔在《逻辑学》开篇就关注到柏拉图《智者篇》中已认识到的存在与虚无之间的关系问题。在《精神现象学》中，黑格尔

---

① 费尔迪南·索绪尔：《普通语言学读本》（Ferdinand de Saussure, *Writings in General Linguistics*, trans. Carol Sanders and Matthew Pires, Oxford University Press. Oxford 2006, p. 47.）。

② 参见保罗·维尔诺：《论否定：通往人类语言学》（Paolo Virno, *Saggio sulla negazione. Per un'antropologia Linguistica*, Bollati Boringhieri, Turin 2013.）；同时参见马西诺·多娜：《否定》（Massino Donà, *Sulla negazione*, Bompiani, Milan 2004.）。

认为是语言的分裂力量造成了存在与虚无。那些独特的物——如这张纸，这个锡盒，这个闪耀的火花等——对于要表述它们的语言来说，都无法根据普遍概念表达。黑格尔写道：

> 在真正要说出"这张纸"的尝试中，"这张纸"因而就会被揉碎了；那些开始描述它的人，不能完成他们的描述，必须先把它交给别的人，而这些人最后自己也将会承认他们要述说的东西不存在。①

此刻的语言想把握"这个"——也就是独特具体的物——却通过把物转移到范畴的抽象层面，完成对物的否定。事情就是如此。要从概念上把握某物，我们就必须认识到物辩证构成中的否定。语言只有以否定为前提，才能表述物之所是。对物的命名，把物归入到包含它们种类的那一刻，物的经验性存在被抹擦，物沦落到无限的系列之中。为了表象物的本质，语言废除了物的存在。简而言之，词向我们传达物，同时却与物的独特性分离，把物简化为抽象概念。

---

① 黑格尔：《精神现象学》（G. F. W Hegel, *The phenomenology of Spirit* (1807), trans J. B. Baillie, Digireads. com Publishing, 2009, p. 54.）。（此处引文翻译参见黑格尔：《精神现象学》，贺麟、王玖兴译，北京：商务印书馆，2013 年，第 82 页。——中译者注）

　　语言具有的否定力量并非如福柯所见，是达到某个点后话语秩序断裂的结果。语言原本就具有这样的力量，这可以追溯到创世之初："亚当给所有物命名。这就是主权，是对一切自然物的最初占有。"①莫里斯·布朗肖在评说黑格尔的这个著名论段时，走得更远。布朗肖说：语言，作为单个词的序始，要求"一种广阔无垠的牺杀，一场先期而至的泛滥，将一切创造物倾入海中"②。人类毁灭一切存在物之后，只消说上帝得从虚无中重新造物，万物便从虚无而出。由虚无构成的存在便如此取代个体的存在物，而后者原本有着具体的存在。当然，语言不会从肉体上消灭任何东西。但是，当有人说"这只猫"或者"这个女人"时，这些物或人从它（他）们此刻的在场中被带走，并被抛置为不在场。布朗肖由此得出，语言建立起物和死亡之间的关系，因此"准

---

　　①　列奥·劳赫译，《黑格尔与人类精神——耶拿精神哲学讲座译稿》（*G. W. F. Hegel and the Human Spirit. A translation of the Jena Lectures on the Philosophy of Spirit* (1805–6), trans. Leo Rauch, Wayne State University Press, Detroit 1983, p. 89.）。

　　②　莫里斯·布朗肖：《文学及死亡权利》（Maurice Blanchot, "Literature and the Right to Death," trans. Lydia Davis, reprinted in *The Work of Fire*, Stanford University Press, Stanford 1995, pp. 300–44. This quote p. 323.）。

确地说，我言说时，死亡通过我言说"①。从这个角度来看，物的命运愈发接近人的命运。尽管有无法打破的界限分隔着——或者更确切地说，因为这个无法打破的界限——虚无的力量却似乎能由此及彼。语言所赋予物之上的死亡折返回来，回到使用它的主体之中。言说的力量和实体的虚空结为同盟，后者由词语传达，而词语由人说出，这就拖曳着言说者也进入同样的漩涡之中。"当我言说时，我否定着我所说之物的存在，同时我也否定着正在言说之人的存在。"②

唯一"拯救"物的一种语言是文学语言。这么说不是因为文学将物保存在存在之中，而是因为文学语言自然而然地认为给予物意义就是在摧毁物。布朗肖回忆，理想的文学什么也不说，完全什么也不说，它知道书写的意义来自不存在的东西。除非一个人把词语本身理解为它们存放的场所——一张纸、一块岩石、一片树皮——把它们当作物，当作唯一还存活着的东西。在普通语言中，词语与物分离，语

① 莫里斯·布朗肖：《文学及死亡权利》（Maurice Blanchot, "Literature and the Right to Death," trans. Lydia Davis, reprinted in *The Work of Fire*, Stanford University Press, Stanford 1995, pp. 300–44. This quote pp. 323–4.）。

② 莫里斯·布朗肖：《文学及死亡权利》（Maurice Blanchot, "Literature and the Right to Death," trans. Lydia Davis, reprinted in *The Work of Fire*, Stanford University Press, Stanford 1995, pp. 300–44. This quote p. 324.）。

言远离物；而在文学语言中，词语被揉成新的物，遥居在本要相伴的虚无之外。文学从物的源头接纳物，直至物命运之终。文学并不徒然地要将物从虚无中移除。文学陪伴着物一路漂流。一则，文学具有巨大的摧毁力——对物的自然特性的极具暴力的摧毁；二则，文学是对物的剩余、对大火之后残留的灰烬最高形式的关注。文学——

> 不在世界之上，但也不在世界之中：文学是世界存在之前物的在场，是世界消隐之后物的存留，是一切不复存在时依然有所剩余的执着，是空无之时依然有所呈现的惊奇。①

物的价值

在现代世界，物被它们自身的价值所湮灭。如果我们把"价值"和伦理联系在一起，就会吃惊地发现——"价值"一词在世俗化的过程中，早已移入经济领域，其意义已被荡

---

① 莫里斯·布朗肖：《文学及死亡权利》（Maurice Blanchot, "Literature and the Right to Death," trans. Lydia Davis, reprinted in *The Work of Fire*, Stanford University Press, Stanford 1995, pp. 300–44. This quote p. 328.）。

空。物的价值由客观参数所决定，与物内在的属性没有什么关系。整个现代社会都受到剥削过程的普遍影响，马克思为我们展现了这个过程的每一细节。许多物已降为商品。商品有使用价值，它与商品的使用方式有关；商品还有交换价值，它由生产商品所需的时间决定。商品的交换价值可以用统一的计量单位来表示，这样商品就可以在市场中进行交换。从使用价值而论，物尚能保存其独特属性，可是从交换价值来看，物就丧失其独特属性。这就是物的价值何以非但不能巩固物的意义，反而抹平物之间的差异。马克思还揭示了一种更深也更强烈的失真效应。在有关商品拜物教的著名章节中，马克思这么写道：当一张桌子被当作桌子使用时，它还是众所周知的木质物体，可一旦它被放入市场中，"它就变成某种超验之物。它不仅用脚立在地上，当它和所有其他商品发生关系时，它还会头朝下倒立"①。这种颠倒与魔咒有许多相似之处。造成颠倒现象的正是交换价值，它使得每

① 卡尔·马克思：《资本论：政治经济学批判》（Karl Marx, *Capital: A Critique of Political Economy*, *Volume I*, *First English Edition of* 1887, trans. Samuel Moore and Edward Aveling, ed. Frederick Engels, Progress Publishers, Moscow 1965, p. 46.）。

个劳动产品成为某种"社会象形符号"（social hieroglyphic）。①人们所感觉到的物的自然属性，实际上是凝结在商品之中的社会关系："这肯定是人与人之间的社会关系，但在人们眼中，它却呈现为物与物之间关系的虚幻形式。"②

在这个经典的交叉关系阐释中，再次出现了我们开始就提到的人与物之间的连接。人与物的区分不仅表现为隐匿的形式之分，而且表现为真实的抽象交换，一方可转变为另一方。物看似为物，实则为人与人关系的颠倒结果。货币，成为资本，是关系的主要表现形式——作为纯粹的交换价值，货币被视为是最有价值的所有物。这是第一个魔咒。这个魔咒赋予物自身生命，并获得自主。除了这第一个魔咒，还有一个颠倒的施魅作为补充，它将人变成物。马克思的物化理论众所周知，对此评论的文献也有很多。在资本主义市场中，整个一个阶层的人成为产品，在市场上可以买卖、交换。劳动力，像任何其他商品一样，也有交换价值。交换价

① 卡尔·马克思：《资本论：政治经济学批判》（Karl Marx, *Capital: A Critique of Political Economy*, *Volume I*, *First English Edition of* 1887, trans. Samuel Moore and Edward Aveling, ed. Frederick Engels, Progress Publishers, Moscow 1965, p. 48.）。

② 卡尔·马克思：《资本论：政治经济学批判》（Karl Marx, *Capital: A Critique of Political Economy*, *Volume I*, *First English Edition of* 1887, trans. Samuel Moore and Edward Aveling, ed. Frederick Engels, Progress Publishers, Moscow 1965, p. 47.）。

值与其必要生产时间成正比。人们以为交换价值可以由他们自己支配，浑然不觉他们完全处于被支配地位。简而言之，在物转化为商品的过程中，人也在转化为物。这条首先适用于那些束缚在生产机制中的人们，他们就是现代奴隶。同时，这条也普遍适用于每个人。甚至资本家也在这个自足过程中受困于剥削装置。资本家忙于追求价值的最大化，他也同样追求生产的扩大再生产。以上就是这个机制的两面性：它将物人格化，同时又将人"物化"，其程度之深，前所未闻。在之前的社会中，"人与人之间在劳动中形成的社会关系，呈现为人与人之间自身的相互关系，而没有被劳动产品之间的社会关系所掩盖"①。在资本主义体制中，出现了相反的情况：工人成为"人格化的劳动时间"②，与此相对，

① 卡尔·马克思：《资本论：政治经济学批判》（Karl Marx, *Capital*：*A Critique of Political Economy*，*Volume I*，*First English Edition of* 1887，trans. Samuel Moore and Edward Aveling, ed. Frederick Engels, Progress Publishers, Moscow 1965, p. 50.）。

② 卡尔·马克思：《资本论：政治经济学批判》（Karl Marx, *Capital*：*A Critique of Political Economy*，*Volume I*，*First English Edition of* 1887，trans. Samuel Moore and Edward Aveling, ed. Frederick Engels, Progress Publishers, Moscow 1965, p. 165.）。

资本家成为"人格化的资本","资本和雇用劳动的人格
化"。①

对于以上的过程，不同的人有不同的阐释。马克思从政
治经济学角度进行了批判。20 世纪 20 年代，卢卡奇则将重
点放在物化问题上。本雅明从更加动态的视角，认识到它具
有的改变古代秩序的力量。异化影响到生产商品所必须进行
的劳动，也影响到物的本质——这样的前提尚需论证。马克
思在物之外设定物之"善"，将物的本质与物的价值分
离——这透露出一股遥远的柏拉图的味道。从这里，也产生
出"拜物"这个病态概念，后来被弗洛伊德注意到了。然
而，这恰恰是本雅明在《机械复制时代的艺术作品》中所
要反驳的。本雅明一反当时整个文化中弥漫着的反技术潮
流，他从艺术作品的无限复制中看到某种能深刻改变审美感
知的东西。复制技术对"光晕"（aura）的摧毁把审美对象
从包裹它的浪漫外衣下解放出来，无限延长了它的生命。无
限复制本身就是永恒。但是，这个过程有着内在的矛盾，如
果想想时间延伸所付出的代价是日益消减的本体深度。似乎

---

① 卡尔·马克思：《资本论：政治经济学批判》（Karl Marx，
Capital：*A Critique of Political Economy*，*Volume I*，*First English Edition
of* 1887，trans. Samuel Moore and Edward Aveling，ed. Frederick
Engels，Progress Publishers，Moscow 1965，p. 570.）；同时见《资本
论》第三卷，第 606 页（*Capital*，vol. 3，Progress Publishers，
Moscow 1966，p. 606.）。

物将自己投入到未来，却失去自身过去的根基，同时也失去
见证当下的能力：

> 　　一件物品的本真性是一个基础，它构成了所有从它
> 问世之刻起流传下来的东西——从它实实在在的绵延到
> 它对它所经历的历史的证明——的本质。既然历史的证
> 明是建立在本真性的基础之上的，那么当那种实实在在
> 的绵延不再有什么意义的时候，这种历史证明也同样被
> 复制逼入绝境。①

或许我们可以这么说，本雅明认识到的这两方面在我们当今的
世界中都有所反映。一方面，正如艺术人类学家指出的那样，
艺术作品经历了某种主体化，这使得艺术作品与人的存在相仿，

---

①　瓦尔特·本雅明：《机械复制时代的艺术作品》（Walter
Benjamin, "The Work of Art in the Age of Mechanical Reproduction",
in *Illuminations：Essays and Reflections*, ed. Hannah Arendt, Harcourt,
Brace and World, New York 1968, pp. 217－52. This quote p. 221）。
（此处引文翻译参见瓦尔特·本雅明：《机械复制时代的艺术作
品》，选自《启迪：本雅明文选》，汉娜·阿伦特编，张旭东、王
斑译，北京：生活·读书·新知三联书店，2012 年版，第 235
页。——中译者注）

它们具有了自身的行动能力，而不再是简单的物。①这也促使甘特·安德斯（Günther Anders）谈论物的心理学。②技术也能以一种与艺术相似的形式，给予相关物体某种生命，特别是电子或网络通讯物体。与艺术作品不同的是，这个生命来自机械运转内部，与启动它的人无关。自动运转似乎使得物像人那样自主，同时也对人产生去人格化的效果：人不再是主体，而是被动的客体。西蒙娜·薇依（Simone Weil）的观察就沿着这样的思路："因为集体思想无法作为思想存在，它进入物（符号、机器……）之中。因此就有了这样的悖

---

① 阿尔弗莱德·盖尔：《艺术与能动性：一种人类学理论》（Alfred Gell, *Art and Agency. An Anthropological Theory*, Clarendon Press, Oxford 1998.）。

② 甘特·安德斯：《人之陈旧》（Günther Anders, *Die Antiquiertheit des Menschen* [The Outdatedness of Human Beings], 2 vols., Beck, Munich 1980, vol. 2.）。[此处引文译自意大利文。该书尚无英译本，但已译为意大利文：*L'uomo è antiquato*, Bollari Boringhieri, Turin 1992, pp. 50ff. ——英译者注。] 同时请关注他的父亲（W. Stern）写过三卷本的《人与物》（*Person und Sache*, Barth, Leipzig 1906–1924）。关于该论题还可参见安德烈·博尔萨里：《物的经验》（ed. Andrea Borsari, *L'esperienza delle cose*, Marietti, Genoa 1991, p. 8.）。

论：物在思考，而人降为物。"①

这个问题还可以从另一个角度来看。物的人格化过程，作为人的物化结果，如今以一种镜像反向呈现出来。这种阐释思想源起于海德格尔，它倒并不一定与第一种看法对立。海德格尔在一次讲座（该讲座和《物》为同一系列）中这样开始：失去的碎片或许弥足珍贵，每件物都获取它类似物的特质。在物向客体的现代转化中，再下一步就是使得客体成为完全的"持存"（Bestand）。然后，随之而来的，就是存在中存留的在场消失。物的原料不是安置在自身中，而是为了使用。因此，发电厂用的煤和桌子上的壶不是同样方式存在的物。煤被带出产生热量，而壶只产生自身的在场。和马克思一样，这里，生产和剥削都带来同样的物的虚化；不同的是，马克思把这个结果归于对利润的渴求，而海德格尔则认为这样的结果与我们对物的任意使用有关——这也是"装置"（dispositif）这个词的字面意思。我们任意使用之物也常常是可用类似物取代之物，最后也就是多余之物。在这点上，海德格尔也不同于本雅明。海德格尔在物的复制性中看到的不是物可能的延伸，而是物潜在的消退，让位于类似

---

① 西蒙娜·薇依：《优雅与重负》（Simone Weil, *Gravity and Grace*, University of Nebraska Press, Lincoln 1997, p. 210.）。

之物。在集置（Gestell）中，"一个驱使另一个向前"①。

　　每个物的碎片都可以是"多余部分"，可以被其他相似之物替代。这意味着，物越复制再生，其本身的存在（并非作为"失去之物"或废弃物）就越少。海德格尔又加上一点，这一点再一次关乎到人与物之间充满悖论的关系——人与物彼此折射出对方的命运。物对循环复制的服从在本质上与人自身的服从是一样的。人相信他们是控制者，然而实际上，人是被控制者。人同样也是可以被替代的"持存碎片"。当然，人服从机器的方式不同于机器本身。可是，不管他们是机器的建造者还是使用者，他们还是会被机器齿轮捕获。即便一个人远离机器，就像护林人那样：护林人沿着父辈的林间小路行走，不管他是否知道，他都卷入了以报纸和杂志为终结的纤维囤积之中。同样的事也发生于"每个拨转旋钮调台的广播听众，他们以持存碎片的方式与世隔绝。就算他们认为自己可以自由打开或关上收听装置，他们还是

① 马丁·海德格尔：《不莱梅与弗莱堡讲座集》（Martin Heigegger, "Positionality", in Bremen and Freiberg Lectures, *Insight That Which Is and Basic Principles of Thinking*, trans. Andrew J. Mitchell, Indiana University Press, Bloomington and Indianapolis, Indiana 2012 pp. 23-43. This quote p. 31.）。

处于囚禁之中"①。当物化减为可无限复制与可替代的碎片时，当人幻想着他已经完全控制物时，人已在不知不觉中步入和物一样的境地。

Das Ding ［物］

如果说物受到过度真实性的威胁，这种说法似乎是矛盾的。经过了后现代不切实际的狂乱，不同的思想家观察到，思想的钟摆如今转向新现实主义。②阿兰·巴迪欧之前也说过（尽管他说这话带着不同的目的），上个世纪充满着对真实的激情。③物长期沉陷在象征之网，如今它自身浮现出来，

------

① 马丁·海德格尔:《不莱梅与弗莱堡讲座集》（Martin Heigegger, "Positionality", in Bremen and Freiberg Lectures, *Insight That Which Is and Basic Principles of Thinking*, trans. Andrew J. Mitchell, Indiana University Press, Bloomington and Indianapolis, Indiana 2012 pp. 23-43. This quote p. 36.）。

② 不同的看法参见莫里西奥·费拉里斯的《新现实主义宣言》（Maurizio Ferraris, *Manifesto del nuovo realismo*, Laterza, Rome-Bari 2012.），詹尼·瓦蒂莫的《真实》（Gianni Vattimo, *Della realtà*, Garzanti, Milan 2012.）。同时参见卢卡·塔迪欧的《朝向一种新现实主义》（Luca Taddio, *Verso un nuovo realismo*, Jouvence, Milan 2013.）。

③ 阿兰·巴迪欧:《世纪》（Alain Badiou, *The Century*, trans. Alberto Toscano, Polity, Cambridge 2007.）。

不加任何遮裹。我们与之相遇后会怎么样？物，剥除了象征的共通意义，毫无遮掩，执意向前，直至尽头——这样的物会告诉我们什么呢？

首先，我们应该问自己，这种对真实的迫切要求与之前的虚无主义是否对立？在多大程度上对立？比如，对让·鲍德里亚而言，当代的超真实主义是同样的去现实化过程的继续及反向作用。我们之前讨论过，物最初的转变是从有使用价值的自然阶段进入到有交换价值的商品阶段。在物发生了第一次转变（马克思对它带来的物化后果有所分析）之后，物又经历了更加剧烈的转变。物的第二次转变将物吸入了拟像（simulacrum）的幻影世界。①幻影世界中的物不再与指涉对象有任何联系。一旦普遍等值建立起来，符号就在自身内部进行交换，不再指涉任何东西，也不再需要指涉什么东西。随着最后的行动消失，对立双方止于重合。马克思那里的使用价值与交换价值的辩证关系、生产力与生产关系的辩证关系，皆因差异的普遍消退而失去作用。甚至资本——曾在一定程度上与金本位（gold standard）挂钩——也进入到金融投机的厮杀场，不再关涉资本自身无限流通之外的任何东西。每件物品似乎都可增殖出与原初的那个相同的复制品，复制品又与原初的物体融合一起。在这种无限增殖的系

---

① 参见马里奥·佩尔尼奥拉：《拟像社会》（Mario Perniola, *La società dei simulacra*, Cappelli, Bologna 1980.）。

列中，物体成为彼此的拟像，也因此成为自身的拟像。

物在自身的拟像中增殖，这又显示出一种矛盾的特性：既增殖又空洞。物清空了象征意义，得以折返自身，同时又复制增殖。如果说真实主义（realism）指向的是客体，超现实主义（surrealism）将真实交与想象的试验，那么超真实主义（hyperrealism）甚至抹除了后者的差异，真实与想象不分彼此。结果就是产生某种幻觉：即每件物品是自身复制品的复制品。这样，真实可以完美地产生复制。它可以通过真实现实的筛选，不用任何反射，逼近自身："即便理念消失，物还会继续持久运转着，不管不顾自身是什么。"①从镜子的另一面来看，物的去象征化对应着人的物化遭遇。物与人分离，物甚至在自身内部也分裂："失去理念的物就像失去影子的人，要么受疯狂控制，要么毁灭。"②这就是过度否定的结果——过度衰竭。在某种无限增生中——姿态和事件莫名地积累——物被自己的增殖湮灭。

这种"集成真实"（integral reality）与之前的虚拟真实不谋而合。在这种"集成真实"中，真象与表象在全然一

---

① 让·鲍德里亚：《罪恶的透明》（Jean Baudrillard, *The Transparency of Evil. Essays on Extreme Phenomena*, trans. James Benedict, Verso, London 1993, p. 6.）。

② 让·鲍德里亚：《罪恶的透明》（Jean Baudrillard, *The Transparency of Evil. Essays on Extreme Phenomena*, trans. James Benedict, Verso, London 1993, p. 7.）。

致中重合。物自身的内容被抹平，不再和其他物有任何关涉。在没有深度的平面上，物相互追逐：

> 一旦所有超验被祛魅，物就只能是其所是，且只能如其所是——不能承受之轻。所有的幻觉都从物那里消失，物立即成为完全真实，不带任何阴影，不加任何注解。①

达到一定量的临界点，真实就面临自我毁灭的危险。从这点来看，我们或许可以说，正是过度的真实及超真实，才将世界从现实原则中移除。这就仿佛意义荒芜后，象征就成为真实，如此，象征本身也失去自身。在这种能指和所指充满幻觉的相合中，残存着无声的真实。它被挡在交流之外，囚困于自身的牢笼。

因此，拉康把物称作——das Ding，以区别于 die Sache。尽管这两个词都关涉到法律诉讼、司法实践或者法庭辩论等，它们的意思还是有很大区别。die Sache 是人类行为的产物，和诉讼（意大利语是 causa）紧密相关，可以被言说，

---

① 让·鲍德里亚：《智慧之恶或清醒面对》（Jean Baudrillard, *The Intelligence of Evil or the Lucidity Pact*, trans. Chris Turner, Berg, Oxford 2005，p. 26.）。

而"*das Ding* 则要在别的地方才能被找到"①。拉康在不同
的场合都坚持 *das Ding* 有着绝对的异质性。弗洛伊德在有关
否定的文章中提到过，*das Ding* 指一种不可化约的他异性：
"*das Ding* 当中有种不同的东西"②。拉康谈及它的时候，似
乎欲言又止，把它放置在词语无法抵达的地方："人们在 *das
Ding* 中找寻到的是真正的秘密。"③这里，拉康的意思并不
是说 *das Ding* 遥远而不可触及。相反，*das Ding* 离我们很
近，或者毋宁说，它就栖息在我们之内——作为完全异质的
东西。在 *das Ding* 中，相邻与远离、认同与裂隙、亲密与疏
陌交织重叠——这里的"疏陌"必须与"敌对"联系起来，
从内部威胁着我们。因此，*das Ding* 虽然内在于主体，却是
绝对的他者。

　　弗洛伊德认为 *das Ding* 超越了生命冲动与死亡冲动交织
的唯乐原则，而拉康则把 *das Ding* 铭写在享乐（*jouissance*）
之中。享乐（*jouissance*）和欲望（desire）不同，甚至和欲

---

① 　雅克·拉康：《拉康讲座（七）：精神分析伦理学 1959—
1960》（Jacques Lacan, *The Seminar of Jacques Lacan Book VII. The
Ethics of Psychoanalysis* 1959–1960, trans. Dennis Porter, W. W. Norton
and Company, New York/ London 1992, p. 45.）。

②③ 　雅克·拉康： 《拉康讲座（七）：精神分析伦理学
1959—1960》（Jacques Lacan, *The Seminar of Jacques Lacan Book VII.
The Ethics of Psychoanalysis* 1959–1960, trans. Dennis Porter, W. W.
Norton and Company, New York/ London 1992, p. 46.）。

望相反："欲望来自他者，享乐来自物这边。"①拉康给了我们另一种更加令人困扰的方式看待这个萦绕了一个世纪的问题（即，热衷于真实)②。从这个视角来看，物向我们展现的是危险的在场。欲望无法获得物，这层纸捅破后，*jouissance* 势必带着我们靠近物，靠近物炽热的核心。物不再覆盖着保护层——这个保护层可使我们避开它灼烈的光芒。如今，物就在我们眼前——过于相近，让人憎恶。当覆盖在物之上的那层面纱——那个聚集着社会关系中人类经验的象征网络——被撕开，真实界的骇人一面就显露出来。剥除了幻象，所剩只是现实。物不再在欲望的无限延迟中被阻挡在外，而是直接呈现于我们面前。物体的这种去崇高化引起象征空间的倒塌，促进了与他者的密切联系。我们试图占有

———————

① 雅克·拉康：《文集》（Jacques Lacan, *Ecrits. The First Complete Edition in English*, trans. Bruce Fink, W. W. Norton and Company, New York/London 2007, p. 724.）。

② real：该词有真实的、实在的、现实的意思。拉康在他的"三界"论中用的"the Real"，国内有译作"实在界"，或"真实界"。——中译者注

物，却徒劳一场，最终陷入一种让我们既畏惧又厌恶的形式之中。①

齐泽克记得电影《黑客帝国》最后有个场景——主人公归来，周遭的风景已被星际大战毁坏，抵抗力量的领导人墨菲斯迎接他时，带着些许嘲讽说："欢迎来到真实界的荒漠。"②这个真实再无更多意义，它被碾压在内在自身中，展现出来的是死灰般的面容。它距离我们所能承受的总有一步之遥——就像皮埃·保罗·帕索里尼让人"不能承受"的电影《萨德》。在我们仅有的真实（也就是社会传播的真实）和真实界（可理解为过度真实）之间，总有一段距离，恰如纯粹的刺青之于刀划过的伤口之间的距离，或者寻常的色情电影之于要演员经历真实折磨的虐杀影片之间的距离。在此一步之遥中，既有意义的实现，也有意义的颠倒。当集成的现实在超真实中增殖，它却在不经意的一瞥中，泄露出

---

① 参见 Massimo Recalcati, *Sull'odio*, Bruno Mondadori, Milan 2004, p. 351, 及其有关拉康的深奥专论: *Jacques Lacan. Desiderio, godimento, soggettivazione*, vol. I, R. Cortina, Milan 2012。有关现实与真实的不同，亦可参见 Recalcati, *Il sonno della realtà e il trauma del reale*, 收录于 M. De Caro and M. Ferraris (eds.), *Bentornata realtà*, Einaudi, Turin 2012, pp. 191-206.

② 斯拉沃克·齐泽克:《欢迎来到真实界的荒漠》(Slavoj Žižek, *Welcome to the Desert of the Real*, Verso, London/ New York 2012.)。

自身潜在的惊人面目。

　　人们常将双子塔的爆炸解释为幻象世界中真实的回归。它让我们重新看到幻象与真实的相互交织与纠缠。这场悲剧事件带着前所未有的暴力，可视为真实对超越自身的推进。这一幕在电视荧屏上无数次重复播放，引领我们进入"真实界的荒漠"；而同时，它也可被看成是电视制作画面——最新又最让人难忘的好莱坞荧屏一幕。新世纪伊始，翻转得以完成：后现代潮流在某个时刻翻转成新现实主义，后者如今获得新的"特别影响"。那一刻，虚拟凝固为真实，而真实自身亦成为虚拟。有人之所以将袭击双子塔视为当代艺术的高潮，其缘由不难理解：此等惊人事件超越现实与表象，令二者难以区分。想来正是我们无力阻挡与物的直接相遇，才将它衍变为一场噩梦——梦与现实的可怕混合。所谓"真实的回归"当中隐藏着这种毁灭性的破坏力。同样的力量把物拉近，又把物夺走。

第三章　身体

身体地位

　　有件事或许很奇怪：人类身体长期以来是被排斥在法律视界之外的。各种权力——国家、教会、个人——无不喋喋不休，声称拥有对身体的所有权，可身体却从未获得过恰当的法律界定。现代性来临的拂晓时分，英国曾颁布人身保护法，从而将身体引入早期英国法令，然而随即，身体便从欧洲民法法典中消失——后者大体是围绕着空洞主体的抽象框架构建起来的。身体被当作自然之事，只在人的出生之初及死亡的最后时刻才被法律提及，除此之外，法律并未给予特别关注。对身体的这种排斥是我们惯有的区分思维所带来的不可避免的结果。人的身体无法自然而然地落入到人或物的范畴，因此，身体不被当成法律对象，并且摇摆于人与物之间。实际上，依照罗马传统，直到数十年前还盛行的习惯是将身体吸纳到人的概念中。为此传统提供基础的是乌尔比安的著名构想：自由人的身体不可赋予经济价值，任何将身体逼近物的做法总是要避免。因此，人与物之间没有中间站，唯一的选择就是将身体安放在人的轨道上。还是康德给出了相对而言最清晰的结论，尽管他注意到将随之而来的所有矛盾：

> 人不可能处置他自己，因为人不是物。他不是自己的财产——那样会产生矛盾。只要他还是人，他就是一个主体，就拥有对其他物的所有权。①

该主张为法国《民法典》第1128条奠定了基础：即将身体排除在商品交换的物之外。同时，该主张也为欧盟的《基本权利宪章》（3.2）奠定了基础，即禁止"从人的身体及身体器官中获得经济利益"②。

然而，吊诡的是，恰恰由于这些禁令宣布身体具有"人格"，却产生出让人始料未及的效果——将身体遣送回 res（物）的境地，即便禁令规定身体不能买卖。实际上，坚持说某物非买卖对象，并不等于说把它排除在物之外。当身体被安置于时间和空间（而非被认为是抽象的）之中，一个

---

① 伊曼纽尔·康德：《伦理学讲座》（Immanuel Kant, *Lectures on Ethics*, trans. Peter Heath, Cambridge University Press, Cambridge 1997, p. 157.）。

② 斯蒂法诺·罗多塔：《生命与法则：在法与非法之间》（Stfano Rodotà, *La vita e le regole. Tra diritto e non diritto*, Feltrinelli, Milan 2006, pp. 73ff.）。

更棘手的难题出现了。就时间而言，人们普遍认为"死亡迫使身体进入物的范畴"①。对此，皮埃尔·勒让德回想起4世纪塞浦路斯的主教圣·斯皮里东的事例：有一个塞浦路斯家庭逃离土耳其时，把这位圣徒干瘪的尸体运到科孚岛，尸体作为他家私人产业的一部分，最终成为女儿们的嫁妆。还有个问题，人的身体在出生之前，在它还是个胚胎的时候，它是什么？这同样也是难以说清的。从什么时候起，它被认为是人？又在什么时候，它不再被当作人，而成为物？盗窃尸体或胚胎应被当作绑架论处吗，就像对待人那样？还是应该像对待物那样，当作偷盗论处？

如果从单独的部分来看身体（身体的产物或单独的器官），而不是从整体来看身体，那么这个问题提出来，会更加让人难以回答。②一般而言，一旦身体的某个部件被摘除，这个部件就会被当作物来对待。至少对某些器官，这样的选择会产生不良影响。对于牙齿、指甲或头发来说，这都不是问题。一旦它们被取出或剪掉，它们很容易归入无人之物（*res nullius*）的境地。然而，拿血液来说，因其具有的象征

---

① 皮埃尔·勒让德：《传播中不可预测的物》（Pierre Legendre, *L'inestimable object de la transmission*, Fayard Paris 1985, p. 28.）。[此处引文译自法文。——英译者注]

② 参见让-皮埃尔·博德：《手的失窃案：肉体的法制史》（Jean-Pierre Baud, *L'affaire de la main volée. Une histoire juridique du corps*, Éditions du Seuil, Paris 1993.）。

意义，情况就相对复杂了。血液尽管不能降低为物，但为了输血，它常被买卖。还有个例子，就是从病人那里摘除的胆囊，若用作药品生产中的医疗物品，它到底属于谁？——病人？医院？还是医药公司？这在法律上更加难以做出抉择。在诸如此类的例子中，身体没有被指称为物，其结果是身体的部件因此无法获得稳定的法律界定。另外，有人认为器官与身体（甚或与死后的整个身体）分离后，身体器官的性质发生了变化，从而使之从人的阵营转向物的阵营。然而，这样的辩解无法让人信服。如果某个身体或某个身体部件曾经是人，那么无论什么情况下，它都将继续为人；如果相反，在某个时候，它成为物，那么从一开始它便是物。①

不论我们从什么角度想这个问题，我们都会陷入一系列的悖论之中。这些悖论似乎让我们无法找到解决之道。如果认为身体能沦为物，这样的想法违背了我们的情感；可如果总把身体等同于人，这样的想法又违背了逻辑。此问题之所以无法解决，显然由于现今的法律用语仍旧还是以人与物的区分为基础。当前，我们正经历着非同寻常的变化，这样的法律用语无法再面对当前的变化。身体同时伸入到人与物两个范畴之中，这表明人与物各自概念上的不足。身体不仅不可能归入人或者物，而且，它一直是法律所要面对的亘古常

---

① 对这个问题颇有裨益的重新界定，可参见 G. 科里圣蒂：《人体的权利》（G. Cricenti, *I diritti sul corpo*, Jovene, Naples 2008.）。

新的挑战，这说明身体迫切需要新的构想。实际上，在过去的几十年中，法律的大门已经逐渐向生命打开，而长期以来，这扇门是紧闭的。比如，从 20 世纪 90 年代中期开始，法律在有关输血（血液已成为某种既不能归为人也不能归为物的东西）的规定时，将 *bios*（生命）引入到正式的法律空间中。随后，出现关于器官摘除的立法：一个人活着时如果没有宣布反对，死后则可以从其身上为了移植而进行器官摘除手术。这样的法律打破了身体与个人的专属关系，使得身体成为某种集体惠泽。1998 年，联合国大会通过提案，规定人类基因组为"人类共同遗产"。此提案更加深远地推进了这个过程。可是，与此重要进程一同迅速发展起来的还有生物技术。越来越多的器官移植手术广泛实施，这使得身体与人之间无法继续相互等同。虽然人体器官交换中的商业趋势不可小觑，但是已有的主要思路还是沿着提倡身体社会流通的方向——身体要跃出物品市场，同时还要超越个人的界限。①

　　这种变化不应该解读为要撤回各方本已宣布的"生命之神圣不可侵犯"。由于"生命"及"神圣"等词语本身发生转变，我们可以把上面的变化看成是身体从专有领域转移到

---

　　① 参见克里格南-德·奥里维拉，盖尔-尼克迪莫夫：《人的身体属于谁》（C. Crignon-De Oliveira and M. Gaille-Nikodimov, *À qui appartient le corps humain*, Les Belles Lettres, Paris 2008, pp. 99ff.）。

公共领域。人类发现基因组之后，"生命"概念已被彻底重新界定，这是不争的事实。类似的变化也影响到"神圣"这个概念。事实上，在古罗马法中，神圣物（*res sacrae*）与所有人共有之物（*res communes*）有关。尽管神圣物享有与众不同的地位，它们还是处于物的境地，这些物不属于某个人的财产（*extra patrimonium*，意为"家产之外"），也不可买卖（*extra commercium*，意为"买卖之外"）。盖尤斯在《法学阶梯》中首先将物分为"要么构成财产，要么不构成财产"，然后他将物分成神法物（*res divini juris*）和人法物（*res humani iuris*）。人法物又分为公有物（*publicae*）和私有物（*privatae*）。按照罗马法的独特程序，每个分类然后又会再往下分叉。因此，公有物（*res publicae*）并不等于共有物（*res communes*）。共有物，比如空气或水，不属于任何人；而公有物，比如剧场或集市，归市民共同所有。再往下，神法物（*res divini juris*）又分为神圣物（*sacrae*），指供奉给上天的物品；神息物（*religiosae*），包括坟墓、尸体和灰；神护物（*sanctae*），比如城墙、城门等。尽管这些神圣物各不相同，它们有着和公有物一样的特征：不归任何个人享有。在罗马共和国时代和罗马帝国时代，情况皆如此：神圣物和公有物占据着同质的法律空间。二者都服从于同样的管理制度、财务制度及刑法制度。从这个意义上来说，它们都受同样的禁律保护。这并非说曾经的公有物现在被认为是神圣的；而是说，神圣物不可能被当成私有的，而应被当成公有的。

　　身体在某种程度上也可以说与神圣物的某个维度相似。①身体不能等同于人格面具，也不能降为物的专属。身体落入的是神圣物的第三类别。它既不属于国家，也不属于教会，更不独属于寄居其中的个人。就其显然的共有性看，身体具有自身神圣不可侵犯性。不仅每个人不言而喻拥有一个身体，而且更重要的是，每个人的身体是人类整体的遗产继承。身体不可被当作用来利用或消费的物，当然，严格来说，身体也不具备法律上的人格。我们之前提到过的西蒙娜·薇依（Simone Weil）就曾指出，人类身体中的神圣之处不在于其作为人的核心部分，而在于其非人格（impersonal）的核心部分："人的神圣之处，远非其人格那部分，而是人身上的非人格那部分。"②在人格之说达到顶点的那个年代，西蒙娜·薇依却反其道而行之，她一再主张人之超越人格之处，主张人在人格之先。她特别提到身体，注意到身体之绝

---

　　①　有关神圣及与罗马法关系的话题，参见 L. 加罗法洛：《生命政治与罗马法》（L. Garofalo, *Biopolitica e diritto romano*, Jovene, Naples 2009）；同时参见加罗法洛编：《古罗马时的神圣与犯罪抑制》（ed. Garofalo, *Sacertà e repressione criminale in Roma arcaica*, Jovene, Naples 2013.）。

　　②　西蒙娜·薇依：《人的人格性》（Simone Weil, "Human Personality" in *Simone Weil: An Anthology*, ed. Sian Miles, Grove Press, New York 1986, p. 54.）。

对神圣不可侵犯性。她之前给出的例子，读着让人刺眼，却
清楚地说明了这点：

> 我在街上看到一位路人。他有着一对长长的手臂，
> 一双蓝蓝的眼睛，还有一个脑袋，里面有着我无法知道
> 的想法，或许那些想法大都平淡无奇。[……] 假使只
> 是他的人格让我感受到神圣性，那么我可以从容地摘去
> 他的眼睛。作为盲人，他的人格还会依然如旧。我也应
> 该根本无法撼动他的人格。我应该只是摧毁了他的
> 眼睛。①

身体之力

法律遗漏身体，哲学倒是顾及身体，但顾及的是身体的
从属。柏拉图式的形而上学排斥身体，现代思想虽然对身体
没有重复这种排斥态度，但也未全然放弃。现代思想将身体
置于客体之列。主体在自身中认识到身体的存在，并察觉到
身体与自身不同。为了能够处理身体的问题，主体必须与身

---

① 西蒙娜·薇依：《人的人格性》（Simone Weil，"Human Per-
sonality" in *Simone Weil：An Anthology*，ed. Sian Miles，Grove Press，
New York 1986，p. 50−1.）。

体分离，并与身体保持一定的距离。笛卡尔在这个问题上的立场颇为典型。当然，笛卡尔的整个哲学可以说是对身体所作的系列反思，但这些反思总是来自一种外部的视角，并具有鲜明的外在性。说起笛卡尔思想中的"二元论"，似乎有老生常谈之嫌。然而，即便我们一直关注心灵与身体之间的关系，二者的分裂还是占主导地位（胜过二者的统一），这点不可否认。笛卡尔的《谈谈方法》中有几段论述特别著名，其中有一段是这么解释的："所以这个'我'——就是使我成为我所是的这个灵魂——与身体显然完全不同。与身体相比，这个'我'更容易认识，而且即便身体不存在，这个'我'还会依然如旧。"①将身体的不存在设想为归谬法，并不能减弱它在这两个实体之间建立的否定关系。精神实体（res cogitans）与广延之物（res extensa）有着无法克服的分裂关系。心灵不仅不与身体共延，而且为了能确认自己的本质，心灵必须独立于身体，获得自主。当知识开始质疑自身的合法性时，那一刻它整个的存在似乎就收缩为无实形的意识。它特有的表达是数学——因为再没有比把物剥除为一种理想特质更好的方式了，这样就阻止了物的现实存在。数学知识——真正的心灵科学——证明了理性之于身体的绝

① 勒内·笛卡尔：《谈谈方法》（René Descartes, *Discourse on the Method*, in *Selected Philosophical Writings*, trans. John Cottingham, Cambridge University Press, Cambridge 1988, pp. 30-57. This quote p. 36）。

对第一性：身体总是特定的、可分的，而心灵则是普遍的、不可分的。若身体为机器，那么理性就是指挥端，理性从外部控制身体的运行。人的这两个构成实体之间存在着极大的等级差异。

笛卡尔的范式盛行于现代思想中，然而做出如此总结的并非只笛卡尔一个。另一个范式与笛卡尔的范式相伴并行，它看起来虽然不是那么连续及连贯，却在身与心颠倒的力量关系中依稀可辨。①这就是源自斯宾诺莎的思想范式。斯宾诺莎从笛卡尔的两个实体走向了一个实体的两种样式（思想的和广延的），从而开启了尚无人踏足的路径。对于斯宾诺莎来说，没有身体的心灵是让人难以置信的；身体是心灵的唯一对象："构成人的心灵的观念的对象只是身体或某种现实存在着的广延的样式，而不是别的。"②知识在笛卡尔那里，因身体与心灵的分离才有可能，如今，它却要取决于身

---

① 有关身体的哲学谱系，参见翁贝托·加林贝蒂：《身体》（Umberto Galimberti, *Il corpo*, Feltrinelli, Milan 1983.）；米凯拉·马尔扎诺：《身体的哲学》（Michela Marzano, *Philosophie du corps*, Presses Universitaires de France, Paris 2007.）。

② 斯宾诺莎：《伦理学》（Benedict de Spinoza, *The Ethics* in *Complete Works*, trans. Samuel Shirley, ed. Michael L. Morgan, Hackett Publishing Company, Indianapolis, IN 2002, p. 251.）。（此处中文译文参见斯宾诺莎：《伦理学》，贺麟译，北京：商务印书馆，2012年，第54页。——中译者注）

与心不容置疑的统一，其中一方会引起另一方的延伸或收缩。在身体与心灵当中，通过心灵有效折射出的是身体的观念："因为身体愈能接受多方面的影响，或愈能多方面地影响外界物体，则心灵便愈能思想。"①笛卡尔视角中的身体向世间的智慧关闭着，这样的观点被新的信念取代——只有通过身体，心灵才能充分地认识物体。对于斯宾诺莎来说，肉体是知识的源泉，是经验的载体，肉体还会带来出人意料的惊奇。斯宾诺莎写着：

> 其实，身体究竟能做什么事，以前还没有人曾经规定过……。[这些事实]足以表明身体自身单是按照它自身性质的规律，即可以做出许多事情来，对于这些事情那身体自己的心灵会感到惊讶的。②

身体并非如笛卡尔及霍布斯主张的那样，只是简单的机

---

① 斯宾诺莎：《伦理学》（Benedict de Spinoza, *The Ethics* in *Complete Works*, trans. Samuel Shirley, ed. Michael L. Morgan, Hackett Publishing Company, Indianapolis, IN 2002, p. 361.）。（此处引文中文译文参见斯宾诺莎：《伦理学》，贺麟译，第 233 页。——中译者注）

② 斯宾诺莎：《伦理学》（Benedict de Spinoza, *The Ethics* in *Complete Works*, trans. Samuel Shirley, ed. Michael L. Morgan, Hackett Publishing Company, Indianapolis, IN 2002, p. 280.）。（此处引文中文译文参见斯宾诺莎：《伦理学》，贺麟译，第 100 页。——中译者注）

器，而是象征关系的不断连接。只有这样，现实才呈现出连贯性。身体使得我们不再孤立地去理解事物，而是有可能把事物当作复杂整体的一部分来把握，事物在整体中才获得意义。被笛卡尔生生分开的思想的主体和客体，如今相合在一起，构成同样的意义单元，意义就从它们的连接中产生。如同物要意识把握，意识之外无物存在，同样，没有与这世界的构成关系，意识也不存在。这个过程自始至终贯穿着的不是一个认知主体，而是生命的无尽力量。

斯宾诺莎出人意料地拆解了这个排斥性的人格装置，直捣其根。斯宾诺莎的拆解适用于神（和非人格的真实界法则相同），也适用于人，后者从笛卡尔式的主体分裂中获救，重新构建其本体的完满性。与笛氏"我思"（*cogito*）的孤绝——"我思"围绕着自身的内在原则聚集——不同，斯宾诺莎的身体知识是作为连接工具，作为交往方式，及作为一种聚集力量显示出来的："人身需要许多别的物体，以资保存。"[1]这个本体论的立场显然在政治上也有共鸣。人类只有把他们的身体融入一个共同实体中才能繁盛，这个共同实体可以叫作"诸众"（multitude）。在这点上，现代思想似乎

---

[1] 斯宾诺莎：《伦理学》（Benedict de Spinoza, *The Ethics* in *Complete Works*, trans. Samuel Shirley, ed. Michael L. Morgan, Hackett Publishing Company, Indianapolis, IN 2002, p. 255.）。（此处引文中文译文参见斯宾诺莎：《伦理学》，贺麟译，第60页。——中译者注）

真的产生分裂，并分叉出不同方向。对霍布斯而言，人类的分离确保了人类从困扰着他们的暴力死亡危险中保存下来。而对斯宾诺莎而言，恰恰相反，人类的保存靠的是相互结合的能力：

> 因此我说，人要保持他的存在，最有价值之事，莫过于力求所有的人都和谐一致，使所有人的心灵与身体都好像是一个人的心灵与身体一样，人人都团结一致，尽可能努力保持他们的存在，人人都追求全体的公共福利。①

我们应当听从维柯之言②。维柯站在现代哲学的另一端，

---

① 斯宾诺莎：《伦理学》（Benedict de Spinoza, *The Ethics* in *Complete Works*, trans. Samuel Shirley, ed. Michael L. Morgan, Hackett Publishing Company, Indianapolis, IN 2002, p. 331.）。（此处引文中文译文参见斯宾诺莎：《伦理学》，贺麟译，第 184 页。——中译者注）

② 维柯（Giambattista Vico）：1668—1774，17—18 世纪意大利著名哲学家、历史学家、美学家、语言学家，代表作品为巨著《新科学》。——中译者注

同样提出理性与身体之间的深刻联系。①维柯的《新科学》一书比其他文本更多地谈到，世界最初的起源是身体的混杂，而非主体的绝对性。身体混杂迫使历史产生，这也意味着产生知识和权力。就这样的开始而言，最后没有东西是失去的。那时，人的心灵"完全沉溺于感觉，饱受激情的冲击，埋葬在肉体之中"②——事实证明，许多无生命物体的命名源于身体器官；甚而说，从语言学角度来看，物是从身体而来。

当然，我们也不能过高评价这些与现代思想决裂的文本。这些文本的中心思想是改变身体的角色。身体之于意识变得相对重要了，同样，看待二者关系的角度也发生了变化。心灵之眼被身体之眼取代或包围。维柯写道，自从"凭

---

① 关于身体语义学方面的斯宾诺莎与维柯的关系，参见德·乔瓦尼：《斯宾诺莎与维柯的身体和理性》，选自德·乔瓦尼、罗伯托·埃斯波西托、吉塞佩·扎罗内：《现代理性的形成：笛卡尔、斯宾诺莎、维柯》（B. de Giovanni, "Corpo e ragione in Spinoza e Vico", in Biagio de Giovanni, Roberto Esposito, and Giuseppe Zarone, *Divenire della ragione moderna. Cartesio*, *Spinoza*, *Vico*, Liguori, Naples 1981, pp. 94–165.）。

② 维柯：《新科学》（Giambattista Vico, *The New Science*, trans. Thomas Goddard Bergin and Max Harold Fisch, Cornell University Press, Ithaca, New York 1948, p. 106.）。

借肉眼静观天堂"开始，人类历史就以此为中心。①甚至当
静观似乎朝向相反的方向，变得愈发抽象时，历史还是如
此。人类把这种愈发抽象发展的原因，归结于从原始阶段到
文明兴起的转变。同时，人类也时常陷入危机，面临着失去
迄今一切成就的威胁。之所以发生这种周期性的逆转，乃是
因为"普遍"与"特殊"之间的平衡改变，天平向后者倾
斜。当然，也因为在历史破晓时分建立的理智与身体之间的
关系分崩离析。盛行的理智高于身体，与如下关系同时存
在：特殊高于普遍、私有高于公共、个人利益高于集体利益
等等。当免疫力的推进胜于对共同体的激情时，这样的情况
就会发生。人们为了保护自己，会把身体的力量压缩为控制
装置，这个装置可以将他们束缚在不同历史时期设置好的既
定秩序之内。但是，如果这么做，他们终将失去与生命之源
的联系。重新找回生命之源的唯一途径，就是让心灵之界再
次向身体活力开放。

　　这条思考线路后来由尼采完成。尼采对现代思想的彻底
瓦解与一种身体的思想和有关身体的思想（身体能思考，因
为身体也是生命）相辅相成。这种思想注定将开辟一种新的

---

　　① 维柯：《新科学》（Giambattista Vico, *The New Science*, trans.
Thomas Goddard Bergin and Max Harold Fisch, Cornell University Press,
Ithaca, New York 1948, p. 110.）。

语言。对于哲学是否是连续的"对身体的误解"① 这个问题，查拉图斯特拉如是回应："你的身体里，比你的最佳智慧中，有更多理性。"②尼采与那些他称为身体蔑视者的思想家们正相反，他沿着"身体的引导线索"，重读了整个欧洲历史。③这个历史主要关系到知识领域——其目的是通过规训，控制身体本能；同时它也关系到权力领域——从生命政治的力学角度，权力越来越多地被描述。当尼采说到"宏大政治对生物学问题的肯定甚于其他所有问题"④ 时，他的意思是指个人身体及世界人口的重要性具有决定性作用，而那些有关主权国家和个人权利的现代观念已经不再能够解释这样的重要性。身体政治、关于身体的政治、身体内的政治，

---

① 费里德里希·尼采：《快乐的科学》（Friedrich Nietzsche, *Gay Science*, trans. Walter Kaufmann, Vintage Books/Random House, New York 1974, p. 35.）。

② 费里德里希·尼采：《查拉图斯特拉如是说》（Friedrich Nietzsche, *Thus Spoke Zarathustra*, trans. Walter Kaufmann, Viking Penguin, New York/London 1966, pp. 34-5.）。

③ 费里德里希·尼采：《晚期笔记选集》（Friedrich Nietzsche, *Writings from the Late Notebooks*, Cambridge University Press, Cambridge 2003, pp. 27, 30, 71.）。

④ 费里德里希·尼采：《遗世残篇 1888—1889》（Friedrich Nietzsche, *Frammenti postumi* 1888-89, ed. Sossio Giametta, Adelphi Edizioni, Milan 1986, p. 407）。［此处引文译自意大利文。——英译者注］

是唯一存在的政治——不是与"精神"相对，而是与"精神"交织，身体作为生命不可或缺的部分融入 bios（生命/生活）① 之中。

"权力意志"，这个术语太过为人熟悉，并不能专门适用于政治的生命本质（也指生命的政治本质）。身体是人类各种权力相互碰撞、残酷争斗的战场：我们是什么，我们还能成为什么——这至关重要。被称为人类起源进化学（anthropogenetics）的整套方案，既精妙又绝然，显然根植于尼采思想。当尼采在想我们为何不能像中国人创造树木（一边是梨树，另一边是玫瑰）那样创造人时，②这些想法中潜在的危险不容低估。而与那时已为强弩之末的人文传统相比，尼采思想所具有的新颖独到之处也不容小觑。尽管海德格尔

---

① 在阿甘本的《神圣人》一书中，开篇就提到古希腊人用 "*zoē*" 及 "*bios*" 这两个词表达 "life"（生活/生命）。不同的是，"*zoē*" 指 "一切活着的生命所共有的简单事实——活着"；"*bios*" 则指 "一个个体或群体适当的生活形式或方式"。参见 Giorgio Agamben, *Homo Sacer: Sovereign Power and Bare Life*, Stanford University Press, California 1998, p. 2. 及吉奥乔·阿甘本：《神圣人：至高权力与赤裸生命》，吴冠军译，北京：中央编译出版社，2016年，第3页。——中译者注

② 尼采：《遗世残篇 1881—1882》（Friedrich Nietzsche, *Frammenti postumi* 1881 - 82, in *Opere*, vol. V, 2, Adelphi, Milan 1965, p. 432.）。（此处引文译自意大利文。——英译者注）

在 20 世纪中期提出人比动物更为接近上帝，因为只有人"创建世界"（world-forming），而动物却是"贫乏于世"（poor in world），石头则是"无世界"（worldless）。①然而尼采，如达尔文所愿，将人类历史重新与自然联系起来。人类与生俱来就具备向各种可能变异敞开的能力，这些变异注定会反过来影响人类的基因组成：人类这种动物天然设定会不断改变自己的程序。从这点来看，技术并不一定与自然对立。事实上，就我们这个物种来说，技术是我们的天性使然。我们的身体做出每个动作和我们的嗓子发出的每种声音都是技术。有人说，人类本性从最初就展示出了技术性，我们可以自由采用，甚至被迫要求去发展这个技术性。②

----

① 马丁·海德格尔：《形而上学的基本概念：世界、有限、孤独》（Martin Heidegger, *The Fundamental Concepts of Metaphysics: world, finitude, solitude*, trans. William McNeill and Nicholas Walker, Indiana University Press, Bloomington and Indianapolis 1995, p. 196.）。

② 特别参见贝尔纳·斯蒂格勒：《技术与时间》（Bernard Stiegler, *Technics and Time*, trans. Richard Beardsworth and George Collins, Stanford University Press, Stanford, California 2011.）；同时参见罗伯托·埃斯波西托：《政治与人类本性》，选自《政治术语：共同体、免疫力、生命政治》（Roberto Esposito, "Politics and Human Nature", in *Terms of the Political. Community, Immunity, Biopolitics*, trans. Rhiannon Noel Welch, Fordham University Press, Bronx, New York 2013, pp. 88-99.）。

让身体存在

　　身体之所以落在人与物区分之外，原因在于这样的事实：即身体既不能归入人，也不能归入物。梅洛-庞蒂写道："'存在'一词有两种意义，也只有两种意义：人作为物体存在，或者作为意识存在。相反，身体本身的体验向我们显现了一种模棱两可的存在方式。"①准确地说，身体在哲学上的重要性在于它有这样的能力：身体能将大家的注意引向一个既不能归入到主体，也不能归入到客体的实体，从而延伸笛卡尔传统中的二元秩序。尽管科学的姿态是通常将身体客体化，但是身体还是伸出到了客体维度之外——这是整个现象学传统中都认可的意见。比如，对于胡塞尔来说，"我的身体"是"其中唯一的，不仅是一个身体，而且确切地说，是一个生命的有机体"②。对于萨特来说，身体的意义"常

---

　　① 莫里斯·梅洛-庞蒂：《知觉现象学》（Maurice Merleau-Ponty, *The Phenomenology of Perception*, trans. Colin Smith, Taylor and Francis e-Library, London 2005, p. 178.）。（此处引文中文译文参见莫里斯·梅洛-庞蒂：《知觉现象学》，姜志辉译，北京：商务印书馆，2001年，第257页。——中译者注）

　　② 埃德蒙德·胡塞尔：《笛卡尔式的沉思》（Edmund Husserl, *Cartesian Meditations*, trans. Dorion Cairns, Martinus Nijhoff Publishers, The Hague/Boston/London 1982, p. 97.）。

常被这样的事实搞得晦涩不清：即［……］身体从最一开始就被当作某种物"①。对于加布里埃尔·马塞尔来说，"显然我的身体在这个意义上是我自己：因为我无法把我自己与身体区分开来，除非我情愿把身体降为一件物体"②。

当然，我能把我的眼睛和我的手看成一种物质碎片，并由此把它们列在外部物体的空间中，可是，总有什么东西在逃脱，并在反抗这样的想法。此二者之间，有着抹不去的差别：我一旦将视线转向别处，物体便从我的视野中消失，可是我却无法停止对我的身体的知觉。身体就在那里，不是在我眼前，而是就与我在一起，紧紧地与我的意识绑缚在一起，彼此牢不可破。我的身体不是我所有，而是我所是。萨特提出，我们应当把"存在"（to exist）这个词改为及物动词，那样我们就可以说"我让我的身体存在：这是身体存在的第一维度"③。空间上的位置不同非常关键：其他物体是被放置在空间中，相反，身体却是个知觉界域，其他物体位

---

① 让-保罗·萨特：《存在与虚无》（Jean-Paul Sartre, *Being and Nothingness*, trans. Hazel E. Barnes, Washington Square Press, New York 1984, p. 401.）。

② 加布里埃尔·马塞尔：《是与有》（Gabriel Marcel, *Being and Having*, trans. Katharine Farrar, Dacre Press, Westminister 1949, p. 14.）。

③ 让-保罗·萨特：《存在与虚无》（Jean-Paul Sartre, *Being and Nothingness*, p. 460.）。

于其中。或许，我能够时常改变我观察外部物体的视角，但我不能够对身体做到这样。除了在镜子中，我无法看到身体所有的各个部分；我也无法围绕着它走一圈。真要这么做，我就得走出我的身体，通过另一个身体来做——另一个独立于我原先的那个身体，一个从外部与之面对面的身体。但这会使得我不再是我所是。无论我多么努力地试图要从外部认识我的身体，在我如此做之前，我的身体又会左右我，因为它的存在是我实施每个行为的先决条件。无论我多么努力地想要忘记它，我的身体依然在那里，在其所在处。事实上，我的身体的"常在性是绝对的，而消隐的物体（真正的物体）的常在性是相对的。我身体绝对的常在性是物体相对常在性的基础"①。

这不仅意味着活生生的身体不属于物质的物体领域，而且还意味着身体是物体存在的先验条件。如果我使得我的视觉角度成为众多其他视觉角度的其中之一，那么我周围的整个世界都将会骤然模糊。我们能感知物体，只是因为物体"直接处于［……］我的手中或凝视之中"②，被我们的身体末端所触摸、感受并刺激："我们说过，目光包围、触摸

---

① 莫里斯·梅洛-庞蒂：《知觉现象学》（Maurice Merleau-Ponty, *The Phenomenology of Perception*, p. 80.）。

② 莫里斯·梅洛-庞蒂：《知觉现象学》（Maurice Merleau-Ponty, *The Phenomenology of Perception*, p. 78.）。

可见物并与可见物贴合 ［……］ 以至于人们不能说是看者还是事物在控制。"①身体使得物体成为物。为了如此，这个物体（众多物中的某物）必须能作为某种在场之物向身体的感觉器官显现。而当我远离它，把它排除在我的视线范围之外时，它还必须消失。它得以成为一件真正的物，而不是想象中的物体，乃是基于这样的事实：即它也能够不在。我们必须这样来阐释梅洛-庞蒂的身体主张：身体从来不是物体，恰恰是身体才使得物体成为可能。物体的存在是由于我身体对它们的拒绝而得以保证，反之亦然。从这个角度来看，意识借助身体对物牵拉，一如身体连接着物与意识。在某个单一意义区域，这两个角度肯定会彼此相互重叠。我们要移动身体，就意味着向物延伸，但这只有当身体不是物中一员才有可能。如果要接受人是物的断言，只有当它指的是作为他物存在的先决条件的某种物。就像赫尔穆特·普莱斯纳（Helmuth Plessner）②指出的那样，人类体验到自己为物，然而跻

---

① 莫里斯·梅洛-庞蒂：《可见的与不可见的》（Maurice Merleau-Ponty, *The Visible and the Invisible*, trans. Alphonso Lingis, Northwestern University Press, Evanston, Illinois 1968, p. 133.)。（此处引文中文译文参见莫里斯·梅洛-庞蒂：《可见的与不可见的》，罗国详译，北京：商务印书馆，2008 年，第 164 页。——中译者注）

② 赫尔穆特·普莱斯纳（Helmuth Plessner）：1892—1985，德国哲学家、社会学家，哲学人类学的代表人物之一。——中译者注

身物中，人又与其他所有物不同，因为人是那个特殊的物。①

因此，连接着人与物的是身体。在这个身体才能做到的连接之外，人与物注定以一方低于另一方的方式彼此分离。只有从身体的角度，人与物才能重新找到被区分割裂的原初连接："身体通过自身的本体发生（ontogenesis），将我们直接与物体联结起来"，因为物体只不过就是"我的身体的延伸，而我的身体是世界的延伸"。②这不是简单的并列，而是真正的相互贯通。两千年来，法律、神学、哲学在人与物之间划出一道鸿沟，并让一方受另一方支配，只有身体才能够填上这道鸿沟。

其实，我们还不能说现象学完全领会了人与物之间混杂的意义。胡塞尔的语言依旧是在人的语义范围之内，尽管它有向他性投射。胡塞尔所提出的最终还是以精神为主导意味的"某个人自己的身体"——这是知觉经验所始终涉及的，也是梅洛-庞蒂有所发展、改进、却从未真正超越的。那双触摸彼此或抚过众物的手依旧还是主体的手——由于自身的内在体验，它可以知觉其他存在物。物尽管被理解、认同，

---

① 参见赫尔穆特·普莱斯纳：《笑与哭：人类行为界限研究》（Helmuth Plessner, *Laughing and Crying: A Study of the Limits of Human Behavior*, trans. James Spencer Churchill and Marjorie Grene, Northwestern University Press, Evanston, Illinois 1970.）。

② 莫里斯·梅洛-庞蒂：《可见的与不可见的》（Merleau-Ponty, *The Visible and the Invisible*, pp. 136, 255.）。

但还依然是某人的客体，他/她始终从自身出发与客体发生着关系。只有摧毁现象学传统，把"由内而外"变成最为彻底的外在性，身体和物才能另辟蹊径，再次相交，彼此贯通。当技术可以提供假肢，身体不再对自身享有绝对的所有权时，身体与物的交汇贯通就会发生。只有那时，他者的身体部件或者非肉体之物，才会将人的身体变成一个无法被完全独占的空间。那样的身体会超越或者不会落入主体与客体、内部与外部、思想与身体之间的二元分裂。让-吕克·南希在有关他自己心脏移植的哲学故事中写道：

> 我的心脏成为我的陌生者：陌生恰恰是因为它在我身体之内。这种陌生性只能来自外部，因为它是初次在我的体内起伏跳动，[……] 这种身体的闯入外在于思想。我一片空白，这空白将伴随着我，就像思想本身及其对立面，同时与我如影随形。①

----

① 让-吕克·南希：《闯入者》，选自《身体》（Jean-Luc Nancy, "The Intruder", in *Corpus*, trans. Richard A. Rand, Fordham University Press, Bronx, New York 2008, pp. 161-70. This quote p. 163.）。

同样的作者，通过身体的变迁，将目光对准了"物的心脏"[1]。这样的说法，我们平时都会使用，它有种直接面对现实境遇，不加任何粉饰的味道，但是，我们还是应当从字面意思来看这个说法。物也有一颗心，就像活生生的生命那样，但这颗心埋在它们的静默之中，或者藏在它们无声的运动中。有人会说，铁石心肠，但是石头没有冷酷的死亡记忆。石头是鲜活的、悸动的，石头中聚集着古代、甚至当代的经验，你可以触摸，可以看见，可以辨识——（至少）只要那个物依然如旧就行，别无其他。而当物进入批量生产线的循环中，这一切就再无可能，无论你说什么都没用。在批量生产线中，物不再拥有手工制品时凝固下来的象征力量，它们失去自己的灵魂。

只要当物依然是库存物品，整齐而无名地堆放在仓库中，情况就会如此。但是，一旦它们进入我们的家中，重新与我们的身体发生联系，物就会再次变得特别起来，仿佛每一件物品都有了自己的名字。这个似乎矛盾的看法由约翰·洛克

---

① 让-吕克·南希：《物的心脏》，选自《出生到在场》（Jean-Luc Nancy, "The Heart of Things", in *The Birth to Presence*, trans. Brian Holmes and Others, Stanford University Press, Stanford, California 1993, pp. 167–88.）。

提出，后来博尔赫斯也予以关注①。从那一刻起，我们开始感觉与物品结成纽带，这个纽带远远超越了它们的市场价格。这些物上铭记着我们的触摸和凝视，留着我们体验的痕迹。②

① 博尔赫斯：《巴别图书馆》（Jorge Luis Borges, "The Library of Babel", in *Collected Ficciones*, trans. Andrew Hurley, Allen Lane, The Penguin Press, New York/London 1998, pp. 112–18.）；约翰·洛克：《人类理解论》（John Lock, *An Essay Concerning Human Understanding*, pp. 409–19.）。

② 关于物的"人格"特征，特别参见雷莫·博德伊：《物的生命》（Remo Bodei, *La vita delle cose*, Laterza, Rome–Bari 2009），该书英文版即将由福特汉姆大学出版社出版；另参见博德伊：《物与客体》（Bodei, *Oggetti e cose*, Consorzio Festival filosofia, Modena 2013.）。同时参见阿尔君·阿帕杜莱主编：《物的社会生命》（Arjun Appadurai（ed.）, *The Social Life of Things*, Cambridge University Press, Cambridge 1986.）；比尔·布朗主编：《物》（Bill Brown（ed.）, *Things*, University of Chicago Press, Chicago 2004.）；F. 里戈蒂：《物的思想》（F. Rigotti, *Il pensiero delle cose*, Apogeo, Milan 2007.）；D. 米勒：《物的安慰》（D. Miller, *The Comfort of Things*, Polity, Cambridge 2008.）；乔瓦尼·斯特拉斯：《物体与生命》（Giovanni Starace, *Gli oggetti e la vita*, Donzelli, Rome 2013.）。

如果"物使得我们聪慧"①，那么物中必蕴含着超出认知的意义。这些意义构成象征的聚集，物的生命和我们的生命在此交织。正如身体赋予物生命，物同样也塑造了身体。皮耶·保罗·帕索里尼曾这么写道："通过物、物品、物质现实，给男孩所进行的教育［……］方使男孩在肉体上成为他所成为的那个人，成为他此生将成为的那个人。他的肉体必须作为精神受到锻造，受到教育。"②

物与我们之间秘密对话，物深深进入我们的生命，一直在改变着我们，这也是维特根斯坦在他的《哲学研究》中提到的——他说："椅子在自行思考。"③黑格尔曾注意到 *Ding*（物）与 *Denken*（思）之间的一致。跟随着黑格尔，说某物思考，并非意味着要去崇拜物，让物成为拜物教眼中

---

① 唐纳德·诺曼：《让我们聪慧的物：在机器时代捍卫人的特性》（Donald A. Norman, *Things That Make Us Smart*: *Defending Human Attributes in the Age of the Machine*, Perseus Books, New York 1993.）。

② 皮耶·保罗·帕索里尼：《路德信札》（Pier Paolo Pasolini, *Lutheran Letters*, trans. Stuart Hood, Carcanet Press, New York 1987, p. 30.）。

③ 路德维希·维特根斯坦：《哲学研究》（Ludwig Wittgenstein, *Philosophical Investigations*, 4th edn., trans. G. E. M. Anscombe, P. M. S. Hacker, and Joachim Shulte, Wiley-Blackwell Publishing, Malden MA-Oxford 2009, p. 121e.）。

的物。我们的目的是：借助物，我们也进行思考。正如柏格森所认为的那样，物是我们知觉形成的场所。①物感染着我们，一如我们感染着物。没有我们，物无法存活；没有物，我们也无法存活。然则，也可以说，没有哪个文明像我们的文明这样轻易就毁坏物的。甚至在物被使用之前，我们就常常觉得它们已然无用或贬值。我们曾经一直渴望造出坚不可摧之物，可是如今我们却不出意外地寻求着可自然消亡的物，比如塑料，我们更倾向它们可进行生物分解。

但是，也有物在抵抗着这股分解之力，在保持着自身的价值——对有些人来说，它可能是一粒珠宝；对另一些人来说，它可能是一件衣服，或者就是一本书。从里尔克到本雅明，甚至更加微不足道的物品，如一根细绳，一块织物，或一段剪报，都能站到我们亦幻亦真的存在的最显眼位置。葡

---

① 更多有关柏格森理论中知觉的非人格特性，特别参见利茨安尼·彼得里尼：《人格之外：梅洛-庞蒂、柏格森及德勒兹之中的"非人格"》（E. Lisciani Petrini, "Fuori della persona. L''impersonale' in Merleau-Ponty, Bergson e Deleuze", in *Filosofia Politica*, 3（2007）, pp. 393-40.）；更多有关20世纪哲学中的身体角色，参见利茨安尼·彼得里尼：《共振：倾听·身体·万物》（E. Lisciani Petrini, *Risonanze. Ascolto, corpo, mondo*, Mimesis, Milan 2007.）。

萄牙诗人费尔南多·佩索阿①在《不安之书》中坦言他对那些极其微渺之物的迷恋——它们带着不真实的味道②，却让我们轻轻触及生命的神秘。有关人的生命与物的生命之间的关联，没有人能比埃乌杰尼奥·蒙塔莱③领悟得更深。在《朵拉·玛古丝》这首诗中，蒙塔莱这么写道：

> 我不知道你如何能够挺住，
> 你的心就是这冰凉麻木的湖水，
> 你在水中，疲惫不堪，也许
> 是你的护身符拯救了你，它一直
> 放在你的唇膏，
> 你的粉扑，你的指甲锉旁边：
> 一只白色象牙雕刻的

---

① 费尔南多·佩索阿（Fernando Pessoa）：1888—1935，葡萄牙诗人、作家，葡萄牙现代文学的重要代表人物，代表作《使命》。——中译者注

② 费尔南多·佩索阿：《不安之书》（Fernando Pessoa, *The Book of Disquiet*, trans. Richard Zenith, Penguin Books, London 2001, p. 436.）。

③ 埃乌杰尼奥·蒙塔莱（Eugenio Montale）：1896—1981，意大利诗人，1975年获得诺贝尔文学奖，代表诗集有《乌贼骨》《境遇》《暴风雨和其他》等。

老鼠；你因而活着！①

物的灵魂

据某个流行的理论所言，以人与人关系为主要特征的社会共同体已经被转向人与物关系的个体社会系统取代。只有当物沦为商品的交换对象并与使用它们的人对立时，这种说法才正确。马塞尔·莫斯对此谈论道：

> 我们生活在一个将个人权利与物权、人与物截然分开［……］的社会中。这种划分是根本性的：它甚至构成了我们的所有权、转让和交换体系的一种条件。②

---

① 埃乌杰尼奥·蒙塔莱：《朵拉·玛古丝》，选自《境遇》（Eugenio Montale，"Dora Markus" in *Le occasioni*（1939），Einaudi，Turin 1996，pp. 58-9.）。［此处引文译自意大利文。——英译者注］

② 马塞尔·莫斯：《礼物——古式社会中交换的形式与理由》（Marcel Mauss，*The Gift. The Form and Reason for Exchange in Archaic Societies*，trans. W. D. Halls，Routledge Classic，Abingdon 2002，p. 61.）。（此引文中文译文参见马塞尔·莫斯：《礼物——古式社会中交换的形式与理由》，汲喆译，北京：商务印书馆，2017年，第83页。——中译者注）

这个并不新鲜的二元装置，遮掩并扑灭了其他的关系形式——比如"人与物交融"① 的赠礼或夸富宴。这些其他关系形式在印度及日耳曼地区持续很久，它们的踪迹亦可在古罗马法中寻觅得到，特别是在 *nexum* 的诉讼行为中。*nexum*是我们之前提到过的法律制度，它将无清偿能力的债务人的身体完全交由债权人处置。*res*（物）即使在易手他人之后，也不是被动的交易物。它依旧与其最初的所有者联结，并迫使后来的所有者承担义务，直到后者履行契约，解除义务。在此之前，立约人则为 *reus*（即"*res*"加上后缀"*os*"组成的所有格），意思是"为物所拥有"②。一旦接受者获得 *res*，他就要认可在偿还之前以自己的身体作为担保，将自己交由赠与人处置。总之，礼物交换与区分的逻辑背道而驰，它的发生围绕着物的人格特性展开。

当罗马人开始区分物权与人权、分裂人与物时，礼物经济继续在商业活动之外的文化领域中实践着。它们共享着同

---

① 马塞尔·莫斯:《礼物——古式社会中交换的形式与理由》(Marcel Mauss, *The Gift. The Form and Reason for Exchange in Archaic Societies*, trans. W. D. Halls, Routledge Classic, Abingdon 2002, p. 61.)。

② 马塞尔·莫斯:《礼物——古式社会中交换的形式与理由》(Marcel Mauss, *The Gift. The Form and Reason for Exchange in Archaic Societies*, trans. W. D. Halls, Routledge Classic, Abingdon 2002, p. 67.)。

一个思想：即被赠予、被接受及被归还的物品拥有灵魂。物远远没有与人分离，而似乎成为人不可分割的一部分，甚至能对人产生强烈影响："物有种特别的力量，并成为人的一部分。"①物与交换物的人结成既保护又危险的关系，并最终在他们的生命中留下痕迹。在婆罗门文化中，物甚至会以第一人称言说——它请求赠予者：赠送我，接受我；它叮嘱接受者：把我归还，如果你还想再活下去。物在个体身体和共同体身体中占有一席之位。甚至在物变幻具有人格之前，这些身体就是物运作自身权力的场所。

对此，莫斯想到毛利人社会中的 *hau*，也即物之灵（*ta-onga*）——一种让评论家好奇的礼仪。

> 我们假设你有一件物品（*taonga*），你把它送给我
> [……] 现在，我再把它送给第三个人。过了一段时间
> 后，这个人决意要送我样东西，作为偿还（*utu*）。他把
> 某样东西（*taonga*）作为礼物赠送给我。那么，他赠送
> 给我的这件 *taonga*（物品）就是我从你那里得到的并再
> 送给他的那个 *taonga*（物品）的灵（*hau*）。我从这些

---

① 马塞尔·莫斯：《礼物——古式社会中交换的形式与理由》（Marcel Mauss, *The Gift. The Form and Reason for Exchange in Archaic Societies*, trans. W. D. Halls, Routledge Classic, Abingdon 2002, p. 72.）。

来自你的物品（taonga）中得到的物之灵，必须归还
给你。①

这种礼仪最让人吃惊的是它的三元结构。②接受者不是简单
地归还物品，而是把它转赠给第三人。这第三人再以另一件
物品作为交换归还给接受者。后者则打算把接受到的另一件
物品回赠给那个最初的赠与人。这额外的步骤使得赠与和接
受之间的关系变得复杂。为什么会有这额外一步呢？赠予物
和接受物之间必须有所区分，是为了避免市场经济当中的绝
对等值。要想尊重物的特异性和物特定的象征负载，要使物
免于商品逻辑对其简单概括，这一步是唯一的路径。不仅
如此，它还创造出一种超越二元性的社会关系，倡导让整
个社会共同体都参与其中的更大循环。在世界许多地方，
这个原则很长一段时期都统辖着财富、贡品和礼物的自发
性及强制性流通。其核心思想就是对人与物二元对立的
拒绝：

---

① 马塞尔·莫斯：《礼物——古式社会中交换的形式与理由》
（Marcel Mauss, *The Gift. The Form and Reason for Exchange in Archaic
Societies*, trans. W. D. Halls, Routledge Classic, Abingdon 2002,
p. 14.）。

② 有关该问题的详尽研究，参见马歇尔·萨林斯：《石器时代的
经济》（Marshall Sahlins, *Stone Age Economics*, Routledge, London
1972.）。

> 总之，这代表了一种融合。灵魂融于物，物融于灵魂。生命皆融于一起。在人与物如此的相融之中，他们彼此走出各自的界域，相互混融在一起。①

引发这种相互融合并使之成为可能的，是身体的模糊性。身体的在场引发符号链产生，无声的机制通过符号链促使编码从一个传向另一个。② 在等级秩序中，人对物的绝对统治反映为人对另一些人的统治，后者亦沦丧为物。符号阻止了社会流通进入等级秩序中的超验模型。而身体则让符号不再与物分离，并让符号不再阻止社会流通。当现代性的二元逻辑向其他范式放开——那些范式之前只是在内部暗含这个逻辑，如今却自由地浮出水面——之时，身体视角（不用多想就可在古代社会中发现）回到当代讨论中，这是多么值得我们关注啊。我在说的是开始与后来，或者说古代与现今之间隐隐约约的关系，它将引领历史学家、甚至哲人的眼光超越那显见的断裂之处。尼采与本雅明对此十分了然。

此关系的核心问题是，当下技术对物（物不再仅仅是物体）的冲击，还有越来越难以困在人格装置之内的主体带来的

---

① 莫斯:《礼物》，第 25—26 页（Mauss, *The Gift*, p. 25-6.）。

② 杰·吉尔:《身体》（J. Gil, "Corpo", in *Enciclopedia*, Einaudi, Turin 1978, vol. III, pp. 1096-161.）。

冲击。20 世纪 50 年代早期，吉尔别·西蒙东已经开始谈论"技术物"（technical objects），把它们当作人与自然的中间地带。①技术物之中有着智能的痕迹，能够解决不时在人类中出现的问题。技术物远不只为简单的工具，仅仅局限于只能完成直接的体力劳动任务。它们拥有大量信息，这使得它们负有社会效能。与莫斯的 *hau* 不同，西蒙东的技术物不是给予我们魔幻力量，而是拥有主体组件，能提升我们的创造才能。只有曲解的人类中心主义才会阻挠我们以某种形式来使用我们已经开发和调动之物。这样的形式——既是客体的也是主体的——将继续存于物之中以及我们身上。这个态度与那种浅薄的反人文主义毫不相干。伟大的人文传统源于意大利的文艺复兴，而反人文主义大都无视这个传统的影响。皮科·德拉·米兰多拉（Pico della Mirandola）② 著名的《论人的尊严》核心思想就是：人没有先天规定的本质，人只有"自

---

① 吉尔别·西蒙东：《技术物的存在方式》（Gilbert Simondon, *Du mode d'existence des objets techniques* (1958), Aubier, Paris 1989.）。[可找到的西蒙东论作的第一部分英译为 Ninian Mellamphy, University of Western Ontario, London 1980。——英译者注] 有关该话题，参见 F. Minazzi, "'Salire sulle proprie spalle?' Simondon e la trasduttività dell'ordine del reale", in *aut aut*, 361 (2014), pp. 110–29.

② 皮科·德拉·米兰多拉（Pico della Mirandola）：1463—1494，意大利文艺复兴时期著名思想家，其著作《论人的尊严》，是其人文主义思想的力作，被视为"文艺复兴宣言"。——中译者注

我塑造"，及不断改变自身。

当然，我们的身体是一座浮桥，连接起我们与技术物。这意味着，技术物不仅从心灵获得功能及象征特质，而且在发明的过程中，技术物上也留下了人身体的踪迹。技术物在使用者的手中传递，从而创造出超越个体、进入"跨个体"之维的连续流。西蒙东最重要的论作就以此展开。① 从发明者和使用者那里接受一个技术物，意味着要重建一条社会链——与人类学家在"无历史民族"的赠礼仪式中发现的那种社会链相似。西蒙东从技术物的这一特性中获得的元政治（metapolitical）意义不容忽视。只有当技术物从仅仅为人类手中工具的奴役中解放出来，控制技术的人对那些只能是技术受众的人施加的主宰才会结束。

> 为了巩固留存的人文主义，人类必须转向，这并不意味着反对机器。只有机器还被社会共同体奴役着，我们才会被机器奴役 [……] 传统人文主义在这点上依旧

---

① 吉尔别·西蒙东：《心理与集体的个体化：从形式、潜能、信息与亚稳态等概念来看》（Gilbert Simondon, *L'individuation psychique et collective : A la lumière des notions de Forme, Potentiel et Métastabilité*, Aubier, Paris 1989.）。

含糊不清：它把自我决定权界定为公民专属，而奴隶没有。①

几十年后，布鲁诺·拉图尔作出相似的论断。他提出"物的议会"（a parliament of things）概念，以克服自然和社会之间的巨大现代分离。②在他看来，尽管现代性否定混杂物（hybrids），但是处于"准主体"（quasi-subjects）与"准客体"（quasi-objects）交叉处的"物的议会"却在充分使用混杂物。沿着身体之线而行的区分依旧为现代时期的断裂线，在这个时代行将结束之时，它张开成大大的裂口。某种有益的相反效果出现，与上面的两极困局形成鲜明对比：人越与物分离，物有朝一日就会越具有人的特质。如今，自然与历史、科学与政治、人与物构成的居间现象已经打破了长期以来将科学对象与政治主体对立的分界线："然而，我们现在知道，人类是无法被理解和拯救的，除非，对于与人类

---

① 吉尔别·西蒙东：《技术物的存在方式》（Gilbert Simondon, *Du mode d'existence des objets techniques*, pp. 128-9.）［此处引文译自意大利文。——英译者注］

② 布鲁诺·拉图尔：《我们从未现代过》（Bruno Latour, *We Have Never Been Modern*, trans. Catherine Porter, Harvard University Press, Cambridge Massachusetts 1993, p. 142ff.）。

共享世界的物而言，我们能够使之重归本位。"①不仅物体混杂及凝结着人的特性，并可相互交换，人也因为不断使用技术物而贯穿在信息、编码和流之中。从知觉和认知而言，无论是人的心理特征，还是人的生理特征，都无法脱离人对物的使用，甚至人已经可以说是"人工制品的制品"②。

有位思想家，谈论最多的就是关于人（而今不再是人）与物（而今不再是物）古代和后现代的相遇。这位思想家就是彼得·斯洛特戴克（Peter Sloterdijk）。从戈特哈德·根特（Gottard Günther）关于新的社会本体论开始③，斯洛特戴克已经发展出一种人类技术学，围绕人与物相互容纳的边

---

① 布鲁诺·拉图尔：《我们从未现代过》（Bruno Latour, *We Have Never Been Modern*, trans. Catherine Porter, Harvard University Press, Cambridge Massachusetts 1993, p. 136.）。（此处引文中文译文参见布鲁诺·拉图尔：《我们从未现代过》，刘鹏、安涅思译，苏州：苏州大学出版社，2010 年，第 155—156 页。——中译者注）关于这个问题，另可参见 G. 莱格萨：《物世界的客人：通往与物质的后人类关系》（G. Leghissa, "Ospiti di un mondo di cose. Per un rapporto postumano con la materialità," in *aut aut*, 361 (2014), pp. 10-33.）。

② 乔纳森·金登：《自我造就的人及其毁灭》（Jonathan Kingdon, *Self-made Man and His Undoing*, Simon and Schuster, London 1993, p. 3.）。

③ Gottard Günther, *Beiträge zur Grundlegung einer operationsfähigen Dialektik*, 2 vols., Meiner, Hamburg 1979.

界展开。他没有与海德格尔的范式决裂，而是对其进行重组，从存在到存在物。斯洛特戴克对比了"相异技术"（allotechnics）带来的危害和"顺同技术"（homeotechnics）带来的前所未有的资源。此二者的差别在于：前者旨在对自然绝对的控制，后者则效法自然的创造过程。斯洛特戴克见解的核心再次显示出新的联盟思想，它将超越人与物的巨大分裂。智能机器、艺术作品、电脑、还有所有其他类型的人工制品，引领着我们超越它们原先假想的区分：

> 与此类策略相比，心灵与物体、精神与物质、主体与客体、自由与机械之间概念上的基本区分（已在大多数发达文化中使用）将不会再获得任何动力。①

① 彼得·斯洛特戴克：《尚未救赎：海德格尔之后》（Peter Sloterdijk, *Nicht gerettet. Versuche nach Heidegger*, Suhrkamp, Frankfurt am Main 2001.）。[该作品目前尚无英译本。此处引文译自意大利文。——英译者注]意大利版：《尚未救赎：海德格尔之后》（*Non siamo ancora stati salvati. Saggi dopo Heidegger*, Bompiani, Milano 2004, p.170.）。更多关于斯洛特戴克以及技术与生命之关系，参见提莫西·坎贝尔：《不合宜的生命：从海德格尔到阿甘本的技术与生命政治》（*Improper Life. Technology and Biopolitics from Heidegger to Agamben*, University of Minnesota Press, Minneapolis 2013），以及 A. 卢奇：《思想的技艺：斯洛特戴克的实践哲学》（A. Lucci, *Un'acrobatica del pensiero. La filosofia dell'esercizio di Peter Sloterdijk*, Aracne, Rome 2014, pp.87ff.）。

说不清多长时间了，但还未结束，我们从物那里拿走过多的特质，把它们归到人那里。是时候来平衡二者的关系了。在如此做之前，我们需要冲破那道把世界隔离成两个对立物种的屏障。毋庸否认，我们正在经历的这个革命，会打破平静——尤其是当技术进入我们的身体，并扰乱了千百年来的秩序——这样的改变依然有着重要意义。或许，这是古代社会消失以来的第一次，物回来直接质问我们。整个意义系统都在摇晃，围绕着中心旋转，最后落在不同的地方。斯洛特戴克总结说："在 19 世纪废除奴隶制后，隐约可见古代的主导影响将在 21 世纪或 22 世纪广泛瓦解。"①要经历怎样的争斗，这才会发生？它又会带来怎样的结果？"诸如此类的问题道出一个确信无疑的看法：现代思想要先厘清自身的逻辑和存在，否则它将无法应对伦理。"②

政治身体

政治与法律和哲学不同。政治总是与身体保持着一种内

---

① 彼得·斯洛特戴克：《尚未救赎：海德格尔之后》（*Sloterdijk, Non siamo ancora stati salvati. Saggi dopo Heidegger*，p. 182）。

② 彼得·斯洛特戴克：《尚未救赎：海德格尔之后》（*Sloterdijk, Non siamo ancora stati salvati. Saggi dopo Heidegger*，p. 184.）。

在的关系。此外，"身体政治"还是西方最古老的传统之一。它最早出现于古希腊思想中，然而到了中世纪早期，它才显得格外重要。国家秩序被喻为是活生生的身体，其各个部分有机结合，相互协调。身体各部分之间的关系——它们代表着不同的社会阶层——也会随着使用身体喻的不同人的意图而变化。头脑、灵魂、心脏，哪个最重要？哪个才是让其他器官赖以运行的主要器官？例如，索尔兹伯里的约翰在《论政府原理》（*Policraticus*）中认为，身体其他部分之间的相互联系与头脑的主导地位以某种方式达成平衡。在霍布斯的《利维坦》中，灵魂对身体其余部分的强硬控制，表达出以主权者统治为中心的绝对专制论倾向。相反，卢梭却提出"我们接纳每一位成员，把他们视为整体不可分割的一部分"① ——这赋予身体喻一种平等意味。后来，约瑟夫·西耶斯（Joseph Sieyès）② 把法国国家身体认同为第三等级

---

① 让-雅克·卢梭：《社会契约论，论人类不平的起源，及论政治经济学》（Jean-Jacques Rousseau, *The Social Contract, A Discourse on the Origin of Inequality, and A Discourse on Political Economy*, trans. G. D. H. Cole, Digireads, Stilwell KS 2006, p. 8.）。

② 约瑟夫·西耶斯（Joseph Sieyès）：1748—1836，法国大革命时期著名政治理论家和活动家，其代表作《第三等级是什么》是法国大革命的宣言之作。——中译者注

(the Third Estate)①，从而把卢梭的身体喻推向完满。

以上诸多观点的最惊人之处是：每个观点都在主权控制的人格特性与身体生理的非人格结构之间建立了二元区分。这就解释了为什么某个时候——自霍布斯开始——机器语义能够与身体语义重叠，而不歪曲喻意。然而，这无法消除对立双方残存的鸿沟。下面的事实就是说明："身体"这个词语可以指整个身体有机体，也可以指头部以下的部分。我们知道，这种二元性源于基督的双重性。整个基督教的身体也分成两个部分，并不完全等同于基督的身体。同样，政治身体也从未全然等同于主权身体。即便设想二者为一个整体，它们也无法完全一致。在代议制的民主政治中，在主权者与代表（此二者从未完全弥合）的不对称中，皆可看到这种二元性。"人民"这个概念自身带着相异又潜在矛盾的双重意义。它可同时指公民全体和公民中不太富裕者：国民和平民。在我们还在使用的政治-神学用语中，我们还常常看到，某个概念包括的部分，又会在其他方面遭到这个概念的排斥。整个西方政治动力学可以解释为对立双方之间的紧张对峙——为了统一政治身体或人民，一方面，排斥其中的低等

---

① 第三等级：与那些不纳税、享有特权的第一等级（僧侣或教士）和第二等级（贵族）相对立，第三等级在法国大革命前负担国家各种赋税，占法国当时人口的95%，具体包括农民、手工业者、小商贩、城市贫民和资产阶级等。——中译者注

部分，另一方面，又要消除低等与高等之间的区分界限。

从君主政治到生命政治的转变中，矛盾更加突显。已有的身体政治隐喻更物质化，呈现为身体本身。"社会'身体'不再是简单的司法-政治隐喻（就像《利维坦》中所写的那样），它成为生命现实，成为医学干预的场所。"①——这是首位分析这一转变的思想家使用的措辞。当然，*bios*（生命）一直是政治感兴趣并干预的对象。这种干预曾经在某种程度上经过层层过滤，如今，开始变得直接。人的生命之前只是政治行为的框架，现在它成为中心焦点。生命成为治理之事，政治成为生命治理。社会医学的地位不断攀升——其直接目的就在于整个人口身体——反映出上面的重大转变。因此，福柯在评论普鲁士医疗体系时能够断言："引起公共卫生部门兴趣的，并非工人的身体，而是能合起来构成国家的个体身体。"②在此基础上，接下来就是彼此关

① 米歇尔·福柯：《危险的个体》，选自《政治、哲学、文化：访谈及其他文选，1977—1984》（Michel Foucult, "The Dangerous Individual", in *Politics*, *Philosophy*, *Culture*: *Interviews and other Writings*, 1977—1984, Routledge, New York/London 1990, pp. 125-51. This quote p. 134.）。

② 米歇尔·福柯：《社会医疗的诞生》，选自《权力：福柯文集》第 3 卷（Michel Foucault, "The Birth of Social Medicine", in *Power*, *Essential Works of Foucault*, Vol. 3, Penguin Books, London 2002, pp. 134-56. This quote p. 141.）。

联的双向过程：医疗愈发政治化，而政治则愈发效仿医学。这个转折点在权力领域中具有决定性意义，同时也在知识领域中产生重大影响。当个体的身体和整个人口的身体成为特殊对象，政治实践开始避开古代和现代的法律思想。权力机制掌管了"人的生存，把人当做活着的肉体"，"人的生命，而非法律，成为政治争斗的焦点"。①

然而，这并非意味着穿过现代性政治思想的裂隙有所收紧，相反，它甚至比之前更甚。如果身体成为政治的内容，而不是政治秩序的隐喻能指，那么，君主政治中身体与头部的断裂会在政治内部加深。排斥（除了权利之外）——作为造成的结果——能潜在地影响生物生存，如同 20 世纪不断发生的那样。纳粹统治下的情形尤其如此：通过清除已被当作感染的那部分生命，医疗转化为某种致力于挽救政治身体的死亡手术。尽管生命政治总是冒险要把自己退回到某种死亡政治的形式，但是这并不表明二者必然相同。为了对抗聚焦生命的政治，一种关乎生命的政治总会到来。人的身体是这场斗争的中心。当身体成为控制和剥削的对象时——任何形式的权力都会产生抵抗——身体也成为反抗的主体。福柯指出："为了反抗 19 世纪尚属新生的权力，抵抗力量依靠

---

① 米歇尔·福柯：《性史》（Michel Foucault, *The History of Sexualityt*, *Vol. I*, trans. Robert Hurley, Vintage Books, Random House, New York 1990, pp. 89, 145.）。

的正是权力投向的那个东西：即生命和作为生命体的人。"同样，"生命作为政治对象，在某种意义上，只是表面上被占有，生命会回来反抗那个决意要控制它的系统"①。如果身体一直以来是人逐渐成为物的场所，那么它也是阻止人成为物的抵抗之所——不是那种从物到人的回返，而是对一直组织人与物关系的二元秩序的拒绝。

在我们当今的生命政治中，通过内部断裂来统合生命的机制似乎并不畅通。这就好像国王的两个身体，既已分开，就无法再度重合。它们躺着，面对面，却无法和解，正如莎士比亚的《理查二世》中展现出来的那样。四百年来，现代国家因人的权力与非人格运作的融合而产生，现在，这种融合正在碎裂。在旧有的模式中，身体与头部、主权与人民、超凡魅力与职能部门等已长期融入统一的机制中。上个世纪，政党作为这个机制的主要齿轮为其运作服务。如今，这种长期的规训模式差不多已消散成碎片。在全球化和技术革命的双重压力之下，领袖的人格在政党和我们的民主政府中获得无上声望，它越来越不受它所依赖的装置机制控

---

① 米歇尔·福柯：《性史》（Michel Foucault, *The History of Sexualityt*, *Vol. I*, trans. Robert Hurley, Vintage Books, Random House, New York 1990, p. 144-5.）。

制。①然而，领袖或首脑从政治身体中解放有利于他/她的自然身体——后者现在登上舞台中央，展露着它最私密之处。当一切中间媒介剥除，权力在领袖身上——在他或她的脸庞、姿态和言辞中——变得清晰可辨。很难说，转向生命政治会带来什么样的后果？生命政治的发生在20世纪30年代可见一斑，它的发展具有景观社会的特征。当然，这是政治从积极参与的公有物中退出的因与果，也是不遗一切政治力量的平民主义综合征的因与果。甚或，随着不断的政治煽情，公共维度愈发与私人维度混淆，直到很难分清彼此。

也许，最有意思的是社会两极中另一方的兴起——就是政治身体中头部以下独立的那部分。身体和领袖的人格在头部完美吻合，彼此之间没有差别或鸿沟；头部以下的身体部位获得的是极大的非人格价值。这部分是活生生的身体，它来自那些挑战一切解释的人们，他们不再相信任何机构能代表他们。不管何种形式的民主在等待着我们，现有的代表渠道都无法完全容纳这样的身体——身体政治的某种东西依然在界限之外。现如今，这世界上有半数的地方，群众大量涌入公共广场，某种甚至先于他们需求的东西显露出来。甚至还没等他们开口，他们要说的话已在身体上有所流露，身体

---

① M.卡利斯对这种范式中的转变进行了有效分析，参见M.卡利斯：《政党的人格：领袖的两个身体》（M. Calise, *Il partito personale. I due corpi del leader*, Laterza, Rome-Bari 2010, pp. 109ff.）。

带着同样的节奏，同样的情感波动，发出和音。就像互联网可以作为流动之所运转，那么，身体要用一个力量联合到一起，才会成为未来政治的新主体。自从最初的现代民主事件宣布"我们，是人民"以来，这个声明就带着表演特征——它可以创造它所宣称之物。从那时起，每一次试图对政治局势施加影响的语言行动都需要喉与舌——身体的气息密切聆听他人所言、关注他人所见。汉娜·阿伦特坚信，必须有公共空间，政治才能存在。可是，她未能加上这条：这个公共空间必须充满鲜活的身体，它们有同样的抗争、同样的需求，它们因此而团结在一起。①这些男人和女人的身体，还没有适当的组织形式，正挤压在政治系统的边缘。长期以来，现代政治秩序产生了二元分裂，他们力求改造这样的政治系统，令其不再落入二元分裂。这种态势的结局将会怎样？目前尚未可知。但是，让人侧目的是，他们带给历史的激进与新颖。群众正大批量地增加，他们的身体对于人的语义和物的语义来说，是陌生的，并要求着彻底革新的政治、法律和哲学词汇。在未来的岁月里，原有的这些机制能

---

① 朱迪斯·巴特勒：《"我们：人民"——关于集合自由的思考》，选自《什么是人民？》（Judith Butler, "'Nous, le people' Réflexions sur la liberté de réunion", in *Qu'est-ce qu'un peuple ?*, La Fabrique, Paris 2013.）意大利版本是："Noi, il popolo. 'Riflessioni sulla libertà di riunione'", in *Che cos'è un popolo?*, DeriveApprodi, Rome 2014, pp. 43–62.

否给出回应？抑或为了自卫，它们将锁闭自身，最终从内部爆裂？我们拭目以待。